Stormie

Stormie

Uma história de perdão e cura

Traduzido por
Susana Klassen

mundocristão
São Paulo

Publicado originalmente por Harvest House Publishers, Eugene, Oregon, EUA.

Editora responsável: Silvia Justino
Preparação: Tereza Gouveia
Revisão: Theófilo Vieira
Supervisão de produção: Lilian Melo
Colaboração: Miriam de Assis
Capa: H. Guther Faggion
Crédito de imagem: Foto cedida pela Harvest House Publishers

Os textos das referências bíblicas foram extraídos da *Nova Versão Internacional* (NVI) da Sociedade Bíblica Internacional, salvo indicação específica.

Dados Internacionais de Catalogação na Publicação (CIP)
(Câmara Brasileira do Livro, SP, Brasil)

Omartian, Stormie

Stormie: uma história de perdão e cura / Stormie Omartian; [traduzido por Susana Klassen]. — São Paulo: Mundo Cristão, 2007.

Título original: Stormie: A Story of Forgiveness and Healing.
ISBN 978-85-7325-496-9

1. Cura — Aspectos religiosos — Cristianismo 2. Inspiração — Aspectos religiosos — Cristianismo 3. Memórias autobiográficas 4. Omartian, Stormie 5. Perdão — Aspectos religiosos — Cristianismo 6. Testemunhos (Cristianismo) 7. Vida cristã I. Título.

07-7382 CDD-248.5

Índice para catálogo sistemático:
1. Testemunhos de fé: Autobiografia: Cristianismo 248.5
Categoria: Biografia & autobiografia

Publicado no Brasil com todos os direitos reservados por:
Editora Mundo Cristão
Rua Antônio Carlos Tacconi, 79, São Paulo, SP, Brasil, CEP 04810-020
Telefone: (11) 2127-4147
Home page: www.mundocristao.com.br

1ª edição: novembro de 2007
5ª reimpressão: 2009

Este livro é dedicado aos três homens mais importantes de minha vida. O primeiro é meu pai, Dick Sherk, um homem extraordinário. Lamento ter demorado tantos anos para reconhecer esse fato. O segundo é meu marido, Michael, que, com seu apoio e amor inabalável, foi essencial para que pudesse me tornar a pessoa plena que sou hoje. O terceiro é meu querido pastor e pai espiritual, Jack Hayford. Ele me levou a Jesus e, ao longo dos anos, me ensinou a amar a Deus mais e mais a cada dia.

Sumário

Agradecimentos

AGRADEÇO A DIANE KENDRICK, Constance Zachman, Dick e Margo Salsbury, Terry Harriton, Tami Pelikan, Anna Krausse e Andrea Mejia, pela dedicação perseverante como companheiros de oração. Meu desejo é que vocês recebam em sua vida o cêntuplo das bênçãos que me deram pelas orações constantes, mas não quero limitar Deus, pois ele pode ter muito mais do que isso preparado para vocês!

Sou grata a Janet Southwell, minha secretária e amiga, por acreditar neste projeto e mostrar-se disposta a permanecer a meu lado durante a luta para dominar meu processador de texto. Sem você, eu ainda estaria digitando e chorando.

Também sou grata a meu filho Christopher e a minha filha Amanda, por amarem sua mãe imperfeita e demonstrarem seu carinho com tanta freqüência. Pedi ao Senhor que cobrisse meus defeitos e me ajudasse a educá-los, e ele tem respondido. Sou grata pela misericórdia divina e tenho muito orgulho de vocês dois.

Agradeço, ainda, a meus excelentes editores Bill Jensen, Eileen Mason, Al Janssen e Ray Oehm por suas contribuições valiosas e sua dedicação ao providenciarem para que este livro seja tudo o que Deus tem planejado para ele.

Prefácio especial à edição em português

Querida irmã

VOCÊ ESTÁ PRESTES A CONHECER A HISTÓRIA de uma vida marcada pelo resgate e pela restauração de Deus. Ela revela como o Senhor é capaz de livrar-nos da morte e conduzir-nos para uma vida abundante. Quando o conhecemos e aprendemos a viver em seus caminhos, vamos muito além do que podemos imaginar.

Esta é a história de minha luta para superar os danos emocionais causados pelo abuso que sofri quando criança e o desgosto de saber que também possuía dentro de mim o potencial para cometer esse tipo de abuso. Não é minha intenção culpar ninguém por aquilo que aconteceu em meu passado. É fácil demais apontar os erros dos outros, uma vez que todos nós somos falhos. E, pelo fato de nenhum pai ou mãe ser perfeito, é cruel e injusto responsabilizá-los eternamente pelos erros que cometeram.

Meu casamento se aproxima dos 34 anos e nossos filhos estão crescidos. Quando tinha meus vinte anos, porém, nem sonhava chegar aos trinta, que dizer construir uma família maravilhosa. Eu imaginava que acabaria morrendo de um jeito ou de outro. Sabia que, aos poucos, morria interiormente, e não parecia haver meios de impedir o que eu via como inevitável. Não encontrava razão para viver. Deus, no entanto, salvou-me de todas as formas possíveis. E o melhor de tudo é que ele fará o mesmo a quem se voltar para ele e buscar a vontade dele para sua vida.

Cheguei muito além do que minha esperança podia ousar. Mas isso não significa que minha vida seja perfeita. Continuo a voltar-me para Deus todos os dias, a fim de descobrir a sabedoria e o poder para trilhar os caminhos da vida e superar seus obstáculos. Deus ainda não terminou de realizar sua obra em mim — e por isso dou graças. De alguma forma, no entanto, o Senhor usa as dores do meu passado para ajudar outras mulheres a descobrir que não há cicatriz tão profunda ou desespero tão avassalador de que Deus não possa livrá-la. *Não há nada em sua vida tão esfacelado que ele não possa curar e restaurar, nem erros que ele não possa perdoar.*

Oro para que, à medida que ler este livro, você encontre o Senhor, assim como o encontrei, e que sua vida seja transformada de todas as maneiras possíveis.

Stormie Omartian
Setembro de 2007

1

De mãos dadas com o mal

ACORDEI TARDE. Eram dez horas, e o sol brilhava pelas frestas da persiana. Ao abrir os olhos, senti a cabeça latejar. O ar abafado e meu corpo suado indicavam que o dia já estava quente. Durante as ondas de calor intenso do verão californiano, meu apartamento minúsculo de dois cômodos nunca ficava muito fresco. Não tinha ar-condicionado e era perigoso deixar a janela aberta durante a noite. Com um movimento repentino, sentei-me na cama estreita, mas, gemendo, voltei ao travesseiro. Exausta depois de uma noite de sono tumultuado, sentia-me atordoada demais para me levantar.

Na noite anterior, ao voltar para casa perto da meia-noite, havia encontrado mais uma rosa na maçaneta da porta. Era a décima rosa consecutiva colocada ali depois do anoitecer, e estava começando a me perturbar. A princípio, pareceu um gesto lisonjeiro de um admirador secreto, mas agora estava se tornando algo estranho. Só uma pessoa com uma mente doentia continuaria com esse ritual dia após dia sem se identificar. Há tempos eu vinha sofrendo de insônia e o mistério das rosas não estava ajudando.

Havia trabalhado até tarde na noite anterior gravando mais um episódio do Glen Campbell Show.* Além de ser uma das "beldades

* Programa de auditório apresentado pelo cantor de música *pop* e *country* Glen Campbell na década de 1960. (N. da T.)

loiras, curvilíneas, de olhos azuis" que dançavam no programa todas as semanas, também havia me tornado atriz coadjuvante. Nos segmentos cômicos do *show,* fazia o papel de uma loira burra que contracenava com os convidados de Glen. A adaptação a um temperamento diferente a cada sete dias era um grande desafio. Tinha a impressão de que o tempo para ensaiar nunca era suficiente e sofria de dúvidas crônicas acerca de minha competência. No início, o dia da gravação, que começava antes do anoitecer e varava a noite, havia sido emocionante, mas nos últimos tempos eu só sentia exaustão.

Voltei a me sentar, dessa vez lentamente, reclinando-me até o outro lado da cama para ligar a televisão. Não gostava muito de assistir à televisão, pois temia entorpecer minha mente de forma irreversível. Mas, naquela manhã, sem nenhum motivo óbvio, resolvi ligar o aparelho.

No mesmo instante, a tela foi tomada por um noticiário relatando o esfaqueamento da atriz Sharon Tate e de outras quatro pessoas em Benedict Canyon. O local não ficava longe de onde eu morava! Fui tomada de pavor à medida que o crime hediondo era descrito em detalhes. Não conhecia Sharon Tate e seus amigos pessoalmente, mas sabia quem eles eram.

Hollywood era uma cidade pequena. Eles moravam perto de meu apartamento e eu passava com freqüência pela vizinhança onde os crimes haviam ocorrido. Aqueles assassinatos teriam apavorado qualquer um, mas comecei a sentir algo além de pavor. A sensação dentro de mim estava se transformando em terror paralisante.

O problema era que Sharon Tate havia sido esfaqueada! Sempre tive um medo irracional de facas. Desde que me conhecia por gente, era assombrada por pesadelos recorrentes em que era esfaqueada repetidamente. Só de pensar em facas eu ficava congelada de medo.

A campainha do telefone desvencilhou-me por alguns momentos do terror que até então havia me mantido presa ao noticiário. "Você viu o que aconteceu com a Sharon Tate e os outros?", perguntou uma amiga do outro lado da linha. Recebi vários telefones desse tipo ao longo do dia. Ninguém conseguia acreditar no que havia acontecido nem entendia o motivo. Os crimes pareciam completamente despropositados.

Naquela noite, fui a um restaurante com alguns amigos, e a conversa girou em torno dos assassinatos do dia anterior. Chegamos à conclusão de que a onda de calor estava fazendo as pessoas perder o juízo e que as drogas psicodélicas, cada vez mais comuns nos anos 1960, estavam provocando uma espécie de loucura perversa que se infiltrava por toda parte.

Quando voltei para meu apartamento por volta das onze horas da noite, havia outra rosa sobre a maçaneta da porta. Estremeci ao perceber, de repente, um padrão naquele ritual insano. As primeiras rosas haviam sido apenas pequenos botões. Com o passar das noites, tinham se tornado maiores e, agora, estavam começando a se abrir. Imaginei o que aconteceria quando as flores colocadas ali estivessem completamente abertas. Mais que depressa, entrei no apartamento, tranquei a porta e, ainda assustada, fui para a cama.

Na manhã seguinte, liguei a televisão assim que acordei para ver se havia alguma notícia sobre o caso de Sharon Tate. O desejo de entender o que havia acontecido e o motivo daquele crime faziam minha mente arder de frustração e perguntas não respondidas. Para meu desespero, outros dois esfaqueamentos haviam ocorrido naquela noite. Um casal de sobrenome LaBianca havia sido assassinado. Os detalhes eram semelhantes ao do caso de Sharon Tate, e a polícia suspeitava que os crimes tivessem sido cometidos pela mesma pessoa.

O medo espalhou-se por toda a cidade. Os ricos colocaram cercas, alarmes e cães de guarda ao redor de suas casas. Os pobres começaram a trancar janelas e portas e não abri-las para ninguém. Rick, meu namorado, estava viajando, e eu não conseguia ficar sozinha. Meu apartamento era pequeno demais para convidar alguém para ficar comigo, e eu precisava desesperadamente de companhia. Assim, naquela noite, saí com meus amigos outra vez.

Quando voltei para casa por volta das duas horas da manhã, havia outra rosa na maçaneta. A flor estava começando a desabrochar. Joguei-a fora e entrei rapidamente, trancando todas as fechaduras da porta.

Enquanto me aprontava para dormir, minha mente repassava os detalhes macabros do esfaqueamento de Sharon Tate. Ela era uma jovem bonita e rica que estava grávida de nove meses e vivia numa casa com alarmes e uma cerca eletrificada. Estava completamente protegida e, ao mesmo tempo, completamente vulnerável. Ao contrário do que alguns repórteres haviam insinuado, ela e os outros que haviam sido assassinados não eram o tipo de pessoa que se envolvia com ocultismo. No entanto, também não eram o tipo de pessoa que alguém esperaria encontrar morta a facadas. Se o lar de Sharon Tate havia sido invadido daquela forma, com que proteção eu podia contar? E as facas... Eu não podia sequer pensar nas facas.

Outra coisa me incomodava: algo relacionado ao *espírito* daquilo que havia acontecido não me era estranho. Era como deparar com uma pessoa conhecida sem saber exatamente onde havíamos nos encontrado antes.

Meu envolvimento com o ocultismo não era recente. Havia começado com um tabuleiro de Ouija* e horóscopos. Depois, tinha mergulhado de cabeça em projeções astrais e sessões espíritas de invocação dos mortos. Era tão fascinada por numerologia que pensei em mudar meu nome quando fiquei sabendo que, se a soma das letras de um nome resultasse em certo total, a pessoa podia tornar-se bem-sucedida, bela e realizada. No entanto, também ouvi falar de uma jovem atriz que havia pagado uma numeróloga para criar um nome para ela. Depois de adotar legalmente o novo nome, a moça havia se mudado para Nova York, a fim de começar sua vida de sucesso e ninguém nunca mais tinha ouvido falar dela. Não queria que uma numeróloga me condenasse à obscuridade, de modo que decidi procurar outros caminhos.

Seguindo a moda no mundo do entretenimento, comecei a participar de cursos de hipnose. Entrava com freqüência num estado de transe e dizia para mim mesma coisas que eu queria ouvir como, por exemplo: "Stormie, você é uma pessoa linda, bem-sucedida e maravilhosa". Mas, como todas as outras coisas que havia tentado antes, a hipnose só me ajudava por algum tempo e acabava me deixando pior do que antes.

Depois, me dediquei à Ciência da Mente. Parecia perfeitamente lógico crer que não existia nenhum mal no mundo exceto aquele que se encontrava na mente de cada pessoa. E, se você conseguisse controlar a mente, também poderia controlar o número de experiências negativas que teria. Comprei todos os livros que tratavam desse assunto e li todos eles do começo ao fim. Passei a me reunir

* Tabuleiro com as palavras *Sim*, *Não* e *Talvez* e as letras do alfabeto. É acompanhado de uma espécie de seta indicativa que, segundo a crença dos adeptos dessa prática, mostra no tabuleiro palavras e mensagens transmitidas por espíritos.

com outros adeptos da Ciência da Mente, o que não foi difícil, tendo em vista que também era moda nos meios do *showbiz* em Hollywood, em especial entre as atrizes. Infelizmente, a ajuda pela qual eu tanto ansiava foi apenas temporária.

Envolvia-me com qualquer coisa que me dizia que eu tinha algum valor e que podia haver uma vida futura sem dor. Visitava médiuns com freqüência na esperança de que me dissessem algo de bom. Quando diziam, eu ficava extasiada. Do contrário, entrava em desespero. Minha vida era cheia de altos e baixos, inteiramente desequilibrada.

Ao me dedicar às religiões orientais, comecei a meditar diariamente. No entanto, o Deus que eu buscava com tanta diligência era distante e frio, e a paz se me escapava por entre os dedos. Certa vez, quando estava no meio de uma sessão de meditação, abri os olhos e descobri que podia ver meu corpo deitado no sofá do outro lado da sala. Era a experiência fora do corpo sobre a qual eu havia lido e que tinha desejado alcançar, mas ela não trouxe a tão esperada "união com o universo". Pelo contrário, o que senti foi medo. Quanto mais eu me envolvia, mais eu via coisas estranhas — seres e formas esquisitas pairando diante de meus olhos. Eu não entendia o que estava acontecendo nem sabia o motivo de tudo aquilo.

Apesar dos aspectos assustadores do ocultismo, sentia-me irresistivelmente atraída por suas práticas. Sabia que existia um mundo espiritual real, pois o havia visto. E os livros prometiam que ao continuar usando esses métodos, eu encontraria Deus e a paz eterna. Por que, em meu caso, os efeitos pareciam ser opostos? No entanto, eu persistia em minha busca, pois ansiava desesperadamente por algo que pudesse preencher o vazio dentro de mim, amenizar a dor emocional intensa e constante que eu sentia e acalmar o medo irracional que ameaçava controlar minha mente.

Estava certa de que havia uma resposta para mim, e eu a encontraria.

Algo em minhas práticas de ocultismo me fez lembrar o assassinato de Sharon Tate. Mesmo sabendo que não era o caso, me parecia que, de algum modo, estava associada ao que havia acontecido. Lembrei-me do ditado: "Sempre reconhecemos aqueles que são iguais a nós", e percebi que os acontecimentos estavam próximos demais de minha realidade. Meu medo era que, se continuasse a percorrer aquele caminho, o que havia acontecido a Sharon Tate também aconteceria comigo. E, no entanto, me senti incapaz de deter as forças que me impeliam.

"Não posso mais pensar nisso", disse para mim mesma enquanto vestia uma camisola leve e ia até o banheiro lavar o rosto. Acendi a luz e, para meu desespero, me vi cercada por centenas de baratas enormes correndo por toda parte no piso do banheiro. Fazia mais de um ano que morava naquele apartamento e nunca havia visto uma única barata.

Corri para a cozinha, peguei uma lata de veneno e pulverizei o banheiro sem dó nem piedade até matar todos os insetos. Não podia suportar a idéia de dormir enquanto ainda houvesse uma barata andando ali e só parei quando não vi mais nenhum sinal de vida. A essa altura, o ar do apartamento minúsculo estava saturado de veneno. Sabia que não poderia passar muito tempo trancada ali, respirando aqueles gases tóxicos, mas às duas horas da manhã era impossível procurar outro lugar para ficar. Abri a janela do banheiro o máximo possível para tentar arejá-lo e dissipar o veneno dos outros ambientes.

Fui até o armário que ficava logo ao lado do banheiro e comecei a pendurar as roupas que havia jogado lá dentro. Ao colocar a última peça no cabide, ouvi pela janela aberta um barulho de folhas se mexendo. Meu conjunto residencial ficava numa região de colinas cercadas de árvores e arbustos, onde era comum encontrar pequenos animais.

Parei o que estava fazendo e tentei ouvir melhor. Percebi que o ruído estava mais próximo e não lembrava o movimento de algum animal, mas sim os passos de uma pessoa. Entrei em pânico quando vi o que me pareceu uma mão segurando no batente da janela. Uma vez que não tinha onde me esconder, gritei com todas as minhas forças e corri em direção à porta da frente. Lembranças dos casos de Sharon Tate, dos LaBianca e imagens de facas ensangüentadas passavam-me em rápida sucessão pela mente. Os apartamentos ficavam situados na encosta de uma colina e eram separados uns dos outros por arbustos e árvores formando um padrão quadriculado. Seria perigoso demais tentar correr para outro apartamento, especialmente se não encontrasse ninguém em casa. Assim que atravessei a porta, parei de gritar e me escondi no meio de alguns arbustos mais densos.

Prendi a respiração tanto quanto pude e senti o coração querendo sair pela garganta. Fiquei imóvel por algum tempo, talvez quase um minuto. Então, ouvi mais movimentos, dessa vez no telhado do apartamento perto de onde eu estava escondida que ficava acima do meu, junto à encosta da colina. Uma pessoa que estivesse na rua que passava ao lado não teria dificuldade em subir no telhado. Espiei pelas folhas dos arbustos e vi o vulto de um homem andando com cuidado. Movia uma lanterna de um lado para o outro no chão logo à frente de mim. Vi outro vulto atrás dele e, apesar de a luz das lanternas me impedir de enxergar claramente, me pareceu que os dois estavam vestidos de preto. Um deles gritou em minha direção.

— Tem alguém aí embaixo?

Não respondi.

Gritou novamente, dessa vez com mais convicção. Prendi a respiração. Da terceira vez que ele gritou, virou-se de tal maneira que vi de relance uma arma num coldre e o que me pareceu o quepe de um policial. Respondi:

— Estou aqui embaixo. Quem são vocês?

— Somos da polícia. Venha para cá onde possamos vê-la melhor.

— Graças a Deus! — exclamei enquanto saía lentamente de meu esconderijo. — Alguém tentou entrar pela janela do meu banheiro. Eu gritei, corri para fora e me escondi aqui nos arbustos.

— Estávamos fazendo a ronda aqui na vizinhança e ouvimos os gritos de dentro da viatura. Fique aqui. Nós vamos olhar os fundos e ver se encontramos alguma coisa.

Estava aliviada por eles terem aparecido num momento tão providencial, mas não queria ficar sozinha. Escondi-me novamente nos arbustos enquanto eles faziam a busca. Voltaram pouco tempo depois e me informaram que não havia mais ninguém por lá. Meus gritos provavelmente haviam afugentado a pessoa que eu tinha ouvido.

Os guardas acompanharam-me até meu apartamento e fizeram uma busca minuciosa para se certificar de que não havia ninguém lá dentro. O apartamento era tão pequeno que não devem ter levado mais de trinta segundos para olhar na cozinha, debaixo da cama que ficava na sala, dentro do armário e do boxe do chuveiro. Não havia mais onde procurar. Em outras circunstâncias, eles poderiam ter imaginado que não passava de um ladrãozinho qualquer, mas por causa do caso de Sharon Tate e dos LaBianca, pude perceber que estavam levando aquela ocorrência a sério. Meu maior desejo era que eles não fossem embora, pois eu ainda estava com medo. Em vez disso, porém, agradeci-lhes várias vezes, desejei-lhes boa-noite e tranquei a porta da frente e a janela do banheiro. Foi só depois de eles terem ido embora que me dei conta de que, em meio a todo o meu pânico, havia esquecido de lhes falar sobre as rosas na porta.

Fui deitar, mas não consegui pegar no sono. Cada vez que ouvia algum ruído, meu corpo ficava rígido e meu coração disparava. O calor tornava quase impossível respirar e não conseguia dormir.

No dia seguinte, Rick, meu namorado, telefonou. Havia voltado de uma longa turnê com sua banda. Antes de começar a namorar, nós dois havíamos cantado juntos no mesmo grupo vários anos. Contei-lhe tudo o que havia acontecido na noite anterior, falei das rosas e, é claro, dos assassinatos.

Saímos juntos naquela noite e, no caminho de volta para casa, passamos de carro pelo cânion perto da casa de Sharon Tate. Ficava no caminho entre Beverly Hills e meu apartamento, e passávamos lá com freqüência. A estrada estava deserta e parecia mais escura do que de costume. Senti o pavor subindo por minhas costas, penetrando meu peito e chegando até a garganta, me levando à beira de uma convulsão. O medo era tão intenso que, se naquele momento alguém tivesse me tocado, certamente meu coração teria parado de bater. Tentei desesperadamente me controlar para que Rick não percebesse o que estava acontecendo dentro de mim. Era importante manter sempre a aparência de que eu estava no controle.

Rick acompanhou-me pela escadaria longa e sinuosa que levava até minha porta onde, sobre a maçaneta, havia mais uma rosa. Ele pegou a flor e vi que as pétalas vermelhas e aveludadas estavam se abrindo.

— Stormie! — uma voz feminina penetrou o silêncio intenso. Era minha amiga Holly, que morava num apartamento mais adiante. Também estava entrando em casa com o namorado.

Peguei a rosa e corri pelas escadas.

— Olha isso! Mais uma rosa! Estão cada vez mais abertas. E se a pessoa que está deixando essas flores aqui também estiver planejando fazer algo terrível?

Holly também estava preocupada. No começo, pouco mais de uma semana antes, havíamos nos divertido e rido com a história das rosas. Mas agora havia perdido a graça.

— Eu tenho uma idéia — disse Holly. — Amanhã à noite podemos ficar de tocaia no meio dos arbustos e descobrir quem está fazendo isso.

— Você está falando sério? — perguntei sem conseguir esconder o medo na voz.

— Não se preocupe, ele não vai nos ver. Pelos nossos cálculos, ele vem por volta das dez da noite, não é? Então podemos nos encontrar aqui às nove.

Rick e o namorado de Holly concordaram em ficar de tocaia conosco.

No horário combinado, nos escondemos em quatro lugares estratégicos nos arbustos ao redor de meu apartamento. O "homem das rosas" teria de passar por pelo menos um de nós para chegar até minha porta.

Esperamos e esperamos, e ninguém apareceu.

Permanecemos em silêncio, exceto por uma conversa rápida por volta das onze horas para decidir se devíamos esperar só até meia-noite ou continuar. Passou da meia-noite, e ninguém veio. Por fim, cansados e doloridos de ficar agachados tanto tempo, acabamos desistindo.

Holly foi para casa com o namorado, e Rick acompanhou-me até meu apartamento, de onde saiu por volta de meia-noite e meia. Preparei-me para deitar e fui até a porta da frente para me certificar de que estava bem trancada. Ao abrir a porta com a intenção de batê-la com força para travá-la, uma linda rosa carmesim quase inteiramente aberta caiu junto a meu pé.

Por um momento, perdi o fôlego e senti o coração gelar. Bati a porta rapidamente, enquanto minha mente trabalhava sem parar. Até então, as rosas sempre tinham sido colocadas por volta das dez da noite, não à uma hora da manhã. A única explicação é que alguém estava me observando. Sabia que havíamos ficado de tocaia nos arbustos e que Rick estava em meu apartamento e também o havia visto ir embora.

Mais que depressa, liguei para Rick. Ele havia acabado de chegar em casa e, depois de ouvir meu relato, comentou que, a julgar pelos fatos, o "homem das rosas" era alguém de meu condomínio.

Liguei para Holly e ela sugeriu que, pela manhã, fôssemos de porta em porta contando para nossos vizinhos sobre as rosas e sobre a tentativa de entrar em meu apartamento e fizéssemos algumas perguntas. Talvez alguém tivesse visto ou ouvido alguma coisa.

No dia seguinte, passamos por todos os apartamentos. *Ninguém* havia me ouvido gritar duas noites antes, apesar de dois policiais que estavam passando com a viatura terem afirmado que haviam me escutado de dentro do carro. Ninguém havia visto alguma pessoa suspeita. Mas é claro que nos avisariam se vissem alguém.

O morador do último apartamento pelo qual passamos era um homem robusto de bigode escuro. Seu nome era Leo. Tinha vinte e poucos anos e aspirava à carreira de ator como todos os outros homens naquela cidade. Havíamos conversado rapidamente algumas vezes, sendo que em todas essas ocasiões ele havia me convidado para sair. Expliquei repetidamente que estava namorando firme com alguém, e as coisas ficaram por isso mesmo. Sempre procurei ser educada com esse vizinho, porém mantinha certa distância dele, pois percebia algo de estranho nele.

Quando lhe perguntamos sobre os acontecimentos das noites anteriores, Leo disse que havia ouvido os gritos. Sua resposta não fazia sentido, pois outras pessoas que estavam em casa na noite em que alguém havia tentado entrar, e que moravam mais perto de meu apartamento, *não* haviam me ouvido gritar. O que me espantou mais ainda foi ele ter ouvido, mas não ter se dado ao trabalho de ver o que estava acontecendo. Mencionei as rosas, e ele disse que não havia visto ninguém suspeito.

Comentei que eu estava preocupada, pois uma pessoa que deixa uma rosa na maçaneta de alguém quatorze dias seguidos sem se identificar deve ser um tipo estranho com uma mente doentia. Quando eu disse essas últimas palavras, o rosto de Leo fechou-se e vi algo mudar em seu olhar. Foi extremamente sutil e durou apenas um momento, mas foi exatamente a expressão que eu esperaria ver em seu rosto se tivesse falado isso a respeito *dele*. Naquele mesmo instante, tive certeza de que *era* ele. Eu o havia magoado com minhas palavras e agora estava ainda mais assustada. Holly e eu agradecemos educadamente e saímos, apressadas.

Não podia continuar morando lá, de modo que tomei providências para me mudar de imediato. Encontrei um lugar longe daquela vizinhança e, no dia seguinte, saí discretamente antes de amanhecer. Juntei meus poucos pertences e parti sem deixar o novo endereço.

As primeiras noites no novo apartamento foram tensas e insones, pois temia que o "homem das rosas" tivesse me seguido e descoberto onde eu estava morando. Os assassinos dos casos Sharon Tate e LaBianca continuavam à solta e o "homem das rosas" também.

Nunca mais encontrei rosas na porta e nada aconteceu, mas o medo não me deixou.

2

Buscando segurança no casamento

PASSEI CORRENDO PELA ENTRADA do prédio gigantesco da rede de televisão CBS em Beverly Boulevard. Nos últimos quatro anos, o segurança, por me ver quase todos os dias, não pedia mais minha identidade. Subi pelo elevador, percorri o corredor que levava ao estúdio enorme em que o Glen Campbell Show estava sendo gravado e quase trombei com Jack, nosso diretor.

Como em tantos outros dias, desculpei-me pelo atraso.

— Você está trabalhando demais, Stormie — ele me repreendeu com sua voz severa, porém amável.

Jack sabia que em meus três dias de folga do Campbell Show eu estava gravando outro programa local de televisão e, conseqüentemente, não tinha um minuto de tempo livre. A julgar pela expressão de seu rosto, ele estava começando a duvidar de minha saúde mental.

Não podia confessar que me sentia insegura demais para rejeitar qualquer oferta de trabalho e respondi, brincando.

— É porque sou requisitada demais, Jack. As loiras burras estão na moda neste ano.

Ele me deu um abraço paternal e disse:

— Vá direto para a maquiagem. Cher ficou doente e não poderá fazer um dos quadros com Glen. Você terá de substituí-la.

— O quê? — exclamei surpresa e apavorada.

— Vocês duas são do mesmo tamanho. A roupa dela vai servir bem em você — ele me garantiu. — Você aprende rápido. Não vai ter dificuldade em memorizar as falas. Além do mais, você viu os ensaios a semana inteira e sabe o posicionamento no palco.

Eu sempre me surpreendia com a confiança de Jack em minha capacidade.

— E meu quadro com Glen? — perguntei.

— Você vai conseguir fazer os dois. A camareira da Cher vai ajudá-la com a troca de roupa entre um quadro e outro. Assim que você terminar a maquiagem, mando alguém para ensaiar as falas com você.

Fui direto para a sala de maquiagem e desabei numa cadeira em frente ao maquiador.

— Ben, você vai ter de fazer um milagre. Hoje eles querem me transformar numa estrela, e você precisa me deixar linda — disse, brincando.

Não precisava me preocupar, pois Ben Nye era um profissional competente. Fechei os olhos e tentei respirar lentamente e me acalmar. Eram oito horas da manhã, e eu já estava exausta. Nos meses posteriores ao assassinato de Sharon Tate, eu havia abarrotado minha vida com trabalho. Estava participando de duas séries de televisão e preenchia o tempo que restava com sessões de gravação e comerciais. O trabalho havia se transformado numa obsessão. Amenizava um pouco meus sentimentos profundos de inadequação e me ajudava a manter um controle mais firme sobre a depressão e o medo que estavam sempre ameaçando tomar conta de minha vida.

Eu lidava com a depressão diariamente. Desde o começo da adolescência, eu acordava todas as manhãs pensando: "Será que eu devo me matar agora ou agüentar as pontas mais um dia?". Quando o despertador tocou às cinco da manhã naquele dia, permaneci imóvel na cama tentando decidir o que fazer. "Você tem um trabalho importante a realizar hoje", disse para mim mesma. "Vai sair tudo certo no quadro com Glen Campbell. Os ensaios correram bem. Não, não posso me matar hoje", finalmente decidi. Assim, acabei decidindo me levantar, pois, se me saísse bem naquele papel, talvez fosse reconhecida como atriz de talento. Todos me amariam e a dor desapareceria. Naquela manhã, levei apenas alguns minutos para sair da cama; alguns dias, levava horas. Infelizmente, eu acreditava que meu valor era definido pela qualidade de meu desempenho no último papel, de modo que, quando um trabalho chegava ao fim, minha sensação de bem-estar também acabava.

— Você está linda! — exclamou Ben ao dar os últimos retoques de rímel em meus cílios postiços.

— Ben, você é um gênio — sorri para ele e fui correndo para o camarim da Cher, uma sala sofisticada que tinha até uma estrela grande na porta. O pessoal da produção havia removido o nome dela e colocado meu nome num cartaz manuscrito às pressas. Achei engraçado e fiquei feliz com a demonstração de apoio. Admirava Cher e a considerava uma das atrizes mais lindas com as quais eu havia trabalhado. Lamentava por ela estar doente, mas estava radiante por poder substituí-la.

— Oi, Maggie — cumprimentei a camareira.

— Estamos atrasadas, Stormie — ela respondeu preocupada comigo e com ela mesma. Jack exigia pontualidade, e era responsabilidade dos camareiros ter as atrizes e os atores prontos na hora certa. Um assistente veio ensaiar as falas comigo, e Maggie me arrumou enquanto eu estudava o diálogo rapidamente.

Quando Maggie estava terminando de fechar o zíper do vestido, a voz estrondosa do diretor-assistente soou no alto-falante.

— Todo o elenco no palco para a cena de abertura.

— Serviu como uma luva — disse Maggie, toda contente.

Corri para minha posição em frente à câmera, observando a marca indicada com fita azul no chão do palco.

Glen Campbell chegou e me deu um grande abraço.

— E como vai a senhorita hoje? — perguntou sorrindo.

— Ótima— menti. — Você acha que estou parecida o suficiente com a Cher? — perguntei nervosa, mas em tom de brincadeira, enquanto passava os dedos pelos meus longos cabelos loiros e piscava com meus olhos azuis. Comparada com a beleza dos olhos e cabelos escuros de Cher, eu me sentia terrivelmente inadequada.

— Você está sensacional! — declarou Glen, com seu jeito afável e incentivador de sempre. Ele era um ótimo patrão, mas eu também o admirava pelo talento e gostava dele como pessoa.

— Câmeras! 5-4-3-2-1 ação!

Lembrei-me de todos os pontos de posicionamento e, com a ajuda de cartazes da produção, não errei nenhuma fala.

— Ótimo! — gritou Jack pelo alto-falante. — Vamos fazer só mais uma vez e podemos passar para o próximo quadro. Bom trabalho, Stormie. Sabia que você conseguiria!

Quase explodi de alegria ao ouvir esse incentivo e me perguntei por que eu mesma nunca ficava tão satisfeita com nada do que fazia.

Enquanto eu voltava para o camarim depois de terminar a cena, uma das cantoras comentou:

— Esse vestido ficou lindo em você, Stormie. Pena que não tem uma voz igual à da Cher.

— Pois é... nem uma fortuna igual à dela — respondi rindo.

O comentário inocente desencadeou uma memória de meu passado distante. Fui tomada de um medo repentino e de uma dor insuportável que subia do estômago para a garganta, tornando quase impossível falar e respirar. Senti que estava sufocando. Precisava encontrar um lugar para ficar sozinha.

— Eu já volto, Maggie — avisei sem fôlego, enquanto passava correndo por ela em direção ao banheiro.

Tranquei a porta, encostei-me a uma das paredes e tentei conter os soluços convulsivos que estavam prestes a irromper. A dor era tão intensa que eu só queria morrer. Quando consegui me controlar o suficiente para voltar a trabalhar, fingi que nada havia acontecido. Era absolutamente essencial manter uma boa fachada.

— Você está bem, querida?

— Estou sim, Maggie, foi só uma pequena emergência — disse, rindo. — Ajude-me a tirar o vestido.

Dei um suspiro trêmulo de alívio. Mais uma vez, ninguém suspeitou de minhas crises de ansiedade. Não permitia que nenhum relacionamento se tornasse muito íntimo, pois jamais seria capaz de explicar para alguém esses ataques que nem eu mesma entendia. Se alguém se aproximasse muito, poderia perceber alguma coisa, e eu não seria capaz de suportar a rejeição. Além disso, imaginava que todos eram perfeitos e que só eu ficava aquém das expectativas. Quanto mais eu me aproximava de outras pessoas, mais consciente me tornava de todos os meus defeitos. Assim, era melhor manter certa distância.

O dia de gravação foi um sucesso e fiquei aliviada.

— Ótimo trabalho, Stormie. Sabia que seria capaz! — exclamou Jack animado, enquanto saía da cabine de som e se preparava para ir embora. — Vejo você em duas semanas.

— Duas semanas? — perguntei. E antes que ele pudesse responder, eu mesma comentei. — Ah, é. As duas semanas que Glen vai estar fora. Até lá.

Senti o desânimo crescer. O outro programa de televisão do qual eu estava participando havia encerrado a temporada de treze semanas, o que significava que eu não teria nenhum trabalho nas próximas duas semanas — uma idéia absolutamente assustadora, pois quando não estava trabalhando, a depressão tomava conta. Descobri que as drogas ajudavam e, no final da década de 1960, não eram difíceis de conseguir. Na verdade, o difícil era evitá-las. As substâncias psicodélicas também haviam se tornado comuns, mas muita gente que embarcava nesse tipo de viagem acabava em algum hospital psiquiátrico. Eu não tinha nenhuma intenção de usar ácido, uma vez que estava à beira de uma internação sem a ajuda desse tipo de coisa. Para mim, maconha era suficiente.

Descobri que, quando estava trabalhando ou drogada, era um pouco mais fácil sobreviver, mas tomava todo cuidado para não misturar as duas coisas. Considerava o trabalho importante demais para colocá-lo em risco. Apesar de ter uma alimentação saudável e manter um programa intensivo de atividades físicas, continuava fumando e bebendo, e a maconha fazia parte de todos os encontros com amigos.

Naquela noite, tomei um remédio para dormir e fui deitar, temendo o dia seguinte. Não me surpreendi quando acordei tarde pensando: "Você não presta para nada. Por que não dá um basta? Você se saiu bem ontem, mas isso passou e agora não vale nada outra vez. Nunca vai ser alguém na vida. Quem pensa que está enganando? Todo mundo sabe que não tem talento. Você não é ninguém".

Aos poucos, a depressão envolveu-me silenciosamente e, com força insuportável, como um cobertor grosso e pesado. Sabia que estava entrando em um de meus "blecautes".

Passei as duas semanas seguintes na cama, sem conseguir ler nem assistir à televisão. Levantava-me apenas para fazer o estritamente necessário para sobreviver. A única coisa que me tiraria de meu "blecaute" seria o telefonema de alguém me chamando para trabalhar. Mas ninguém ligou.

Passadas as duas semanas de folga do Glen Campbell Show, voltei à CBS com o mesmo misto de emoções que havia experimentado em outras ocasiões. Estava ansiosa para trabalhar, mas sempre apreensiva de que alguém descobriria minha falta de capacidade e meu medo intenso. Acenei para o guarda junto ao portão, e ele perguntou:

— Como foram as férias, Stormie?

— Foram ótimas! Pena que acabaram tão cedo.

— Eu sei como é — ele retrucou, sorrindo. Sorri de volta, com minha máscara perfeita.

Por mais que a maconha parecesse ajudar, reconheci que estava se tornando um problema. Uma noite, antes de uma viagem para Las Vegas onde eu ia trabalhar com Glen Campbell no anfiteatro principal do Hotel MGM Grand, fiquei acordada até tarde fumando baseados com alguns amigos. Dormi poucas horas, saí às seis da manhã para o aeroporto e não percebi que ainda estava sob a influência das drogas da noite anterior. Estava dirigindo por uma avenida larga e só ouvi uma ambulância vindo na direção contrária quando ela apareceu numa subida. Por pouco não batemos de frente. Joguei o carro para a direita, e o outro motorista jogou a ambulância para a esquerda. Passamos tão perto um do outro que senti o ar balançar meu carro. Ao frear para tomar fôlego, percebi que todos os outros motoristas do meu lado da avenida já haviam aberto caminho para a ambulância. Tinham ouvido a sirene, enquanto eu não ouvi nada. Ficou claro que, se eu não deixasse a bebida e as drogas, acabaria me matando.

Algumas semanas depois, estava na casa de Rick e resolvi fazer um bolo de chocolate e nele acrescentei uma grande quantidade de maconha. Rick comeu alguns pedaços e eu praticamente limpei a travessa sozinha. Minha compulsão por chocolate não me permitia parar de comer enquanto não tivesse acabado com tudo.

Quando ingerida, a maconha leva mais tempo para fazer efeito do que quando fumada, mas, uma vez que começa, o efeito também demora mais a passar. Não prestei atenção na quantidade que havia comido. A princípio, fiquei zonza, risonha e entorpecida. De repente, percebi que havia comido demais, pois senti meu corpo cada vez mais pesado e achei que ia apagar.

— Preciso me deitar — disse a Rick e cambaleei até o sofá, onde caí para frente. Agarrei-me à almofada, pois a sala estava girando com tanta velocidade que eu parecia estar prestes a me desintegrar. Pouco tempo depois não conseguia mais me mover. Estava paralisada. Apesar de não sentir mais o corpo, continuava alerta. Estava presa e não tinha como escapar.

Onde estava Rick? Por que não estava me ajudando? Chamei por ele. Ou, pelo menos, imagino que disse seu nome. Não tive resposta.

Seis horas depois, consegui finalmente levantar a cabeça. Vi que Rick estava dormindo no quarto. Levei mais umas duas horas para obrigar meu corpo a se levantar e ir até a cozinha, onde lavei o rosto com água fria e bebi alguma coisa.

Que vacilo! Será que eu havia quase me matado de novo por causa das drogas? Sabia que precisava fazer alguma coisa para corrigir meu estilo de vida ou acabaria me destruindo, mas me sentia impotente para mudar minha situação. Alguma coisa dentro de mim estava me levando a fazer escolhas erradas — a escolher a morte — repetidamente. Parte de mim desejava morrer; outra parte desejava viver, mas não sabia como.

Nos meses depois dos casos Tate e LaBianca, o mistério ao redor desses crimes começou a ser desvendado. Os assassinatos haviam sido cometidos por um grupo envolvido profundamente com ocultismo e drogas. *Eu* estava nessa mesma situação. Será que acabaria com a mente tão atormentada que não seria mais capaz de distinguir entre o certo e o errado, entre a vida e a morte? Mais do que nunca, o medo apoderou-se de mim — medo de morrer, de ser rejeitada, de fracassar. A solidão era terrível demais, e meu maior desejo era ter alguém com quem viver.

Certa madrugada, por volta das quatro e meia, estava dormindo pesado em meu apartamento quando a cama começou a sacudir violentamente e ouvi um estrondo vindo das profundezas da terra. Estava no meio do terremoto mais intenso que havia visto até então. Pensei que as paredes e o teto desabariam e que eu morreria em agonia — esmagada, mutilada e completamente sozinha. O terremoto foi bastante forte e assustava qualquer um, mas como eu vivia num estado constante de medo, tive um ataque de histeria.

Enquanto eu corria em direção à porta do quarto, a força do tremor me atirou contra a parede. Agarrando-me ao batente da porta na madrugada escura como breu, consegui me arrastar até o corredor. Fui jogada de um lado para o outro contra as paredes do corredor curto e estreito e, depois, arremessada para a sala de estar, onde caí sobre a mesa de centro.

Peguei o telefone e voltei cambaleando para o batente da porta do corredor, onde eu sabia que estaria mais segura. Atirei-me ao chão e tentei discar, mas os tremores eram tão fortes que eu não conseguia colocar os dedos no disco do aparelho. Tentei umas três ou quatro vezes antes de perceber que o telefone estava mudo.

Também não havia energia elétrica nem dentro, nem fora de casa. Na escuridão total, soltei o telefone e me agarrei ao batente da porta, segurando com força para não ser jogada novamente contra as paredes. "Deus, me ajude!", supliquei. "Por favor, me ajude!"

Ao meu redor, podia ouvir louças caindo dos armários e quebrando, quadros sendo derrubados das paredes e abajures e lustres estilhaçando-se no chão. O estrondo da terra era tão alto que eu mal podia ouvir meus próprios gritos.

Aqueles poucos momentos pareceram se estender por uma eternidade. Por fim, os tremores e ruídos ensurdecedores cessaram. O sol estava começando a nascer, mas continuei agarrada ao batente da porta até conseguir ver alguma coisa no quarto. Vesti-me às pressas, peguei minha bolsa e saí de casa sem verificar os estragos. Naquele momento, essa era a última de minhas preocupações. Terremotos intensos como aquele eram seguidos de outros tremores capazes de derrubar telhados. Meu maior medo era morrer sozinha.

Corri para o carro e fui para a casa de Rick, dirigindo a toda velocidade. Havia vidro quebrado e árvores caídas por toda parte. Senti o primeiro tremor enquanto estava no carro e parei imediatamente procurando ficar longe dos postes de energia. A estrada se contorcia como se fosse feita de borracha. Imaginei a terra se abrindo e me engolindo. Quando o tremor passou, prossegui com cuidado.

No caminho para a casa de Rick, resolvi que não podia mais ficar sozinha. No entanto, não poderia convidar uma amiga para dividir o apartamento comigo, pois minha longa e constante série de namorados seria suficiente para irritar até a mais paciente das mulheres. Precisava da afeição de um homem, mas não tinha coragem de simplesmente viver com alguém sem compromisso.

A solução era me casar, e o candidato mais provável era Rick. Eu o conhecia havia mais tempo do que todos os outros rapazes com os quais estava saindo na época e, de certo modo, éramos compatíveis. Além das refeições juntos e do sexo, o que mais havia para esperar de um relacionamento? Ademais, Rick era um dos poucos homens solteiros com os quais estava saindo. Sempre acabava me envolvendo com alguém que havia acabado de se divorciar — ou que estava planejando se separar, como eu sempre descobria mais tarde. Não eram candidatos apropriados para a segurança que eu estava buscando no casamento. Mesmo que Rick não fosse o companheiro ideal, decidi que preferia ter um casamento curto, de dois ou três anos, com um divórcio amigável do que viver sozinha.

Passei as semanas seguintes manipulando Rick para que ele me pedisse em casamento. Adulei, supliquei, ameacei, me amuei e bati o pé. Disse-lhe que não queria mais viver sozinha e que devíamos fazer planos de nos casar ou eu terminaria com ele. Por fim, certa noite, ele disse:

— Está certo, vou me casar com você. Mas vamos fazer um acordo: eu dou a entrada numa casa e você fica com as prestações e as outras contas mensais.

Eu aceitei. Naquele momento, teria concordado com qualquer coisa.

Assim que Rick pagou a entrada da casa, marcamos a data. A família dele era católica e, apesar de nunca tê-lo ouvido falar de Deus, ele insistiu que tivéssemos uma cerimônia católica. Que me importava? Podia ser até uma cerimônia budista. Eu só queria um companheiro para dividir uma casa.

Quatro semanas antes do casamento recebi um convite de Terry Stilwell, uma cantora com a qual eu tinha amizade, para participar da gravação de um disco cristão. O trabalho estava sendo coordenado por Jimmy Owens que, junto com sua esposa Carol, estava gravando um musical chamado "Mostra-me", que os dois haviam escrito. Eram três dias inteiros de trabalho, que eu aceitei com empolgação.

Desde o primeiro momento, a gravação foi tranqüila e agradável, contrastando claramente com o estresse e a pressão de outras gravações em Hollywood. A única pessoa que eu conhecia no estúdio era Terry. Ela me informou que todos ali eram cristãos, mas nunca mencionou que eu não era.

Observei cada pessoa com atenção. Para mim, os cristãos encaixavam-se em duas categorias. Ou eram insensíveis e chatos e usavam a Bíblia como arma para acertar você na cabeça ou eram sem graça, tediosos e desinteressantes — totalmente desprovidos de personalidade.

Mas os cristãos naquela gravação eram diferentes. De certa forma, *eram* sem graça, pois ninguém bebia, fumava, usava drogas, contava piadas sujas ou falava palavrões. Assim, percebi logo que enquanto estivesse com eles também não poderia fazer essas coisas. Como era que se divertiam? No entanto, havia algo puro e atraente neles. Preocupavam-se de verdade comigo e, quando estava com eles, me sentia confortada e tranqüila. Tratavam-me como se eu fosse alguém especial, não como uma pessoa de fora que eu pensava ser.

Num dos intervalos do primeiro dia, Terry apresentou-me para um rapaz sobre o qual ela havia comentado várias vezes nas últimas semanas. Pelo jeito, ela imaginava que formaríamos um par perfeito, o que me deixou um tanto desconfiada, mas, ao mesmo tempo, curiosa. No instante em que nos encontramos, coloquei todas as dúvidas de lado. Ele era lindo de morrer. Tinha cabelo escuro, grosso e encaracolado, uma pele morena maravilhosa e olhos grandes e expressivos herdados de seus antepassados armênios. Também era determinado e cheio de energia, e me apaixonei por ele assim que o vi.

— Stormie, este é Michael Omartian.

Terry apresentou-nos e deixou-nos a sós. Michael era cordial, amigável e extremamente agradável. Enquanto conversávamos, ouvi o som de violinos e vi coraçõezinhos. Fui transportada para um lugar onde só nós dois existíamos.

Passamos juntos todo o tempo livre dos dias seguintes, e em nenhum momento ficamos sem assunto. Durante um intervalo, nós dois ficamos no estúdio enquanto os outros tomavam café. Michael começou a tocar piano, e me aproximei, observando-o e ouvindo atentamente.

Quando ele terminou a música, comentei com admiração:

— Michael, você é um dos melhores pianistas que já ouvi.

Ele sorriu, olhou para as teclas e balançou a cabeça.

— É muito gentil de sua parte, mas não tem sido fácil encontrar trabalho — disse, com um tom de frustração.

— Você é extremamente talentoso. É só uma questão de tempo até as pessoas reconhecerem isso. — Eu havia passado tempo suficiente em Hollywood para saber que eu estava lhe dizendo a verdade e não só bajulando.

— Isso depende dos planos de Deus — ele disse.

— Deus? O que ele tem a ver com isso? — indaguei.

— Você sabe alguma coisa sobre Jesus? — ele perguntou.

— Claro. A Ciência da Mente ensina que ele foi um homem bom. Toque mais alguma coisa — respondi, mudando logo de assunto.

Observei como ele tocava com vontade e me senti profundamente atraída por ele. A segurança e a energia que ele transmitia eram irresistíveis, e minha confusão aumentava na proporção direta à minha atração por ele. Pensei em Rick e em nossos planos de nos casarmos. "O que estou fazendo?", perguntei-me. Não tinha resposta, então fiquei em silêncio.

No final do terceiro dia, convidei Michael para ir a meu apartamento e tomar uma "bebida saudável". Ele havia comentado que há semanas estava tentando se livrar de um resfriado e nenhum descongestionante funcionava. Depois de muito tempo fazendo uma dieta natural, sabia de várias coisas que poderiam ajudá-lo a melhorar.

— Oi, Michael — sorri com entusiasmo ao abrir a porta. Não via a hora de ficar na companhia dele de novo.

Ele respondeu com um "oi" um tanto indiferente, como se não fosse a mesma pessoa que havia conhecido no estúdio.

Não conversamos muito enquanto eu preparava uma mistura de lêvedo de cerveja, gérmen de trigo, lecitina, vitamina C, acidófilos e mais uma porção de coisas batidas no liquidificador com um copo de suco de uva. A julgar pela expressão dele enquanto bebia, estava certa de que ele estava com medo de que aquela mistura pudesse matá-lo. No entanto, minha credibilidade foi resgatada quando, uns vinte minutos depois, ele começou a sentir o efeito descongestionante.

Conversamos sobre trivialidades por algum tempo. Pela grande hesitação da parte dele, algo havia mudado. No estúdio, ele havia se mostrado amigável, mas agora tinha um ar indiferente. Não entendi. Talvez eu tivesse interpretado mal a cordialidade dele no estúdio. Ou talvez ele não se sentisse à vontade de estar em meu apartamento tarde da noite. Afinal, ele era um daqueles cristãos. Também era possível que tivesse percebido em mim uma porção de coisas das quais não havia gostado.

Ele foi embora, deixando-me sozinha com minha tristeza e confusão. Eu havia me sentido tão bem durante nossas conversas no estúdio, mas o encontro daquela noite havia sido pesado demais. Isso confirmava minha convicção de que não existiam relacionamentos bons, apenas alguns mais toleráveis do que outros. Era preciso encontrar um que fosse suportável e aproveitá-lo ao máximo e, depois, passar para o próximo. Estava para me casar porque não suportava viver sozinha e, com Rick, tinha o relacionamento mais tolerável de todos. Se conseguíssemos viver juntos por mais de dois anos, acabaríamos nos entendendo.

Apesar de aceitar que um relacionamento possivelmente extraordinário havia se esfriado, não conseguia tirar Michael da cabeça. Havia algo nele que eu amava. Algo que ia além de suas qualidades físicas, apesar de também contarem. Não conseguia definir esse "algo", mas era a mesma dinâmica de vida que eu via em minha amiga Terry.

Duas semanas depois, Terry me pediu para acompanhá-la numa visita a Paul Johnson, um músico cristão conhecido. Paul, Michael e mais um rapaz dividiam uma casa. Moravam em Sherman Oaks, uma região repleta de colinas, numa casa moderna cheia de janelas enormes com uma vista maravilhosa da cidade. A vista dentro da casa também não deixava a desejar com aqueles três rapazes simpáticos. Todos tinham uma aparência saudável e cheia de vitalidade, além de uma qualidade meiga e amável que, até hoje, não consigo expressar em palavras.

Dessa vez, ao me encontrar com Michael, ele não parecia indiferente, apenas hesitante e cauteloso. Como antes, senti que havia sido transportada para algum lugar entre o céu e a terra enquanto conversávamos sobre uma porção de coisas. Ele me convidou para jantar no dia seguinte e aceitei.

No restaurante, nossa conversa começou a passar de coisas, lugares e pessoas para assuntos mais profundos, relacionados a nossos sentimentos. Ele explicou sua frieza ao me visitar em meu apartamento. Terry havia lhe contado que eu estava para me casar, uma notícia que o deixou perturbado e perplexo.

— Terry acha que você está cometendo um erro — ele disse com veemência —, e eu também.

— Sei que é um erro, mas não posso fazer nada. As coisas já estão encaminhadas. Agora não tem volta — contive as lágrimas que começaram a brotar.

Não podia explicar-lhe como tinha pavor de viver sozinha, como não merecia nada melhor e como temia que, se alguém descobrisse o tipo de pessoa que eu era de fato, não iria me querer. Como poderia lhe dizer que eu não acreditava na existência de bons relacionamentos, pelo menos não para mim?

Faltava pouco mais de uma semana para meu casamento, e eu e Michael saímos juntos todos os dias, sem que Rick sequer perguntasse aonde eu ia. Numa dessas ocasiões, Michael veio me buscar para irmos jantar, e Rick passou por meu apartamento. Apresentei Michael, e Rick saiu sem jamais pedir explicações. Esse episódio mostrou como nosso relacionamento era nebuloso.

Rick e eu mal nos vimos nas duas semanas antes da cerimônia, e era evidente que a idéia de nos casarmos não fazia nenhum sentido. Sem dúvida, Michael imaginava que eu podia desistir, mas minha vida estava fora de controle e o casamento era minha única salvação.

Na véspera do grande dia, Michael e eu nos encontramos para nos despedir. Saímos para dar uma volta de carro, mas eu estava tão deprimida que mal conseguia falar. Sabia que não nos veríamos novamente.

— O que você está fazendo, Stormie? — perguntou ele, com a voz transbordando de frustração. — Você está se casando com um homem que não ama. Todo mundo acha que está cometendo um erro terrível. Eu *sei* que sim. Você pode dar um basta nisso agora. Por que não desiste do casamento?

— Não posso, Michael — respondi, em tom suplicante. Como eu queria que ele entendesse. Mas ninguém entendia, nem eu mesma. — Sei que não faz nenhum sentido, mas não posso voltar atrás — meu medo e minhas necessidades emocionais intensas estavam tomando as decisões. A insegurança era maior do que minha capacidade de fazer algo sensato.

Michael parou o carro à beira da estrada, pegou minha mão e disse: — Você sabe que eu te amo muito.

— Eu também amo você — respondi, me atirando em seus braços e começando a chorar. — Eu te amo mais do que jamais amei qualquer outra pessoa.

— Então por que você não cancela o casamento? — insistiu com um traço de raiva na voz.

— Eu não posso — respondi aos prantos. — Não posso.

Minha resposta deve tê-lo deixado absolutamente confuso. Nenhuma pessoa normal se comportaria daquela maneira. Ninguém estava me obrigando a casar. A escolha era minha.

Algumas semanas antes, quando Michael havia me falado rapidamente sobre Jesus, eu não tinha prestado atenção. Imaginava que uma identificação com o cristianismo era o mesmo que suicídio intelectual e não queria saber disso. Por que eu não tinha ouvido o que ele havia tentado me dizer? Agora era tarde demais. Apesar de parecer quase impossível abrir mão de um relacionamento puro e belo como o nosso, eu sabia que precisava esquecer Michael e continuar tratando das questões de sobrevivência. Depois de nossa despedida, Michael partiu, e chorei até pegar no sono, como quem lamenta a morte de uma pessoa querida.

Na manhã seguinte, acordei com a depressão e os pensamentos suicidas de sempre. A sensação de futilidade era maior do que nunca. Eu ia me casar. Essa era a única alternativa viável para minha vida e sentia como se estivesse rumando para o inferno.

Superei a depressão matinal tentando me convencer de que estar casada seria melhor do que viver sozinha. Por um momento, pensei em Michael. Quando ele descobrisse quem eu era de fato, certamente me rejeitaria, e essa rejeição acabaria comigo. Precisava encontrar um pouco de segurança e alívio para minha solidão e medo intensos. Precisava encontrar um lugar no mundo a qualquer preço.

Num estado completamente desapaixonado, cumpri os rituais com Rick e nos casamos. Minha descida ao inferno começou logo em seguida.

3

À beira do abismo

— RICK, VOCÊ PODE PASSAR uma água na louça do café da manhã, por favor? Lavo quando chegar em casa à noite — gritei enquanto saía para um compromisso às oito horas com a fonoaudióloga.

— Isso não é meu serviço — Rick respondeu, irritado.

— Qual *é* exatamente seu serviço? — retruquei sem hesitar. — Nos dezoito meses desde que nos casamos você trabalhou exatamente quatro dias. Você podia pelo menos parar de assistir à televisão durante uma hora ou deixar de visitar sua mãe uma noite para me ajudar com o serviço da casa. Eu não posso fazer tudo sozinha.

Desde o começo, sabia que Rick alimentava uma devoção anormal por sua mãe e a amava muito mais do que jamais poderia me amar. Ele queria que eu fosse como ela, e eu fazia todo o possível para imitar as virtudes dela. Mas nunca era suficiente. As críticas que ele usava para tentar me transformar num ser humano aceitável só me faziam retrair ainda mais.

— O seguro dos carros vence hoje — ele me lembrou, ignorando completamente o que eu havia acabado de falar sobre o serviço da casa.

— São mais de 600 dólares! Você pode pagar a metade? — pedi.

— Não foi isso que combinamos. Eu dei a entrada da casa. Você paga o resto — ele me lembrou sem nenhum constrangimento.

Não levou muito tempo para eu perceber que nosso acordo era injusto. Mas eu *havia* aceitado e não tinha como voltar.

Saí batendo a porta com força e, pela janela, pude ver Rick se colocar de novo na frente da televisão, onde passaria o resto do dia enquanto a louça suja se empilhava sobre o balcão da cozinha. "É evidente que essa história de casamento não está saindo como planejei", pensei comigo mesma enquanto dirigia para meu compromisso.

Viver com um homem companheiro de quarto não era o que eu esperava. Minha solidão havia aumentado e meu medo e insegurança eram cada vez maiores. Comecei a pensar que estava melhor quando era solteira. Pelo menos só precisava sustentar e limpar a bagunça de uma pessoa. Com meus horários cheios e Rick se recusando a ajudar, eu passava a maior parte do tempo com raiva dele. Não havia comunicação entre nós e, apesar de termos um relacionamento sexual, não havia afeição ou carinho fora do quarto. Aquilo que Rick estava me oferecendo não era suficiente, e me ressentia por ele não ser capaz de suprir minhas necessidades. Eu exigia silenciosamente que ele me amasse e adorasse, mas ele não podia. Tinha seus próprios problemas, sua própria depressão, e eu estava tão abatida que não podia entender o que se passava com ele. Não fazia idéia do que ele queria de nosso relacionamento, mas, sem dúvida, suas expectativas também não estavam sendo correspondidas.

Ao dirigir por Benedict Canyon, passei por Cielo Drive, a rua em que Sharon Tate havia morado e onde ela e seus amigos haviam sido assassinados. Estremeci. Não gostava de passar por ali nem durante o dia, mas minha fonoaudióloga morava lá perto e aquele era o caminho mais curto para chegar à casa dela.

— Oi, Glória. Desculpe-me pelo atraso — balbuciei enquanto passava por ela e entrava na sala rústica e aconchegante, típica de várias casas daquela região de Beverly Hills.

— Você está com cara de cansada. E por que está balbuciando? — ela perguntou, demonstrando reprovação.

— Eu *estou* cansada mesmo e acabei de ter uma briga com o Rick.

Tentei falar devagar e me lembrar de tudo o que ela havia me ensinado.

Passei anos estudando com vários fonoaudiólogos tentando superar um problema de fala que enfrentava desde a infância. Horas e horas de exercícios tediosos resultavam apenas num progresso lento a cada mês. Quando criança, eu tentava esconder esse problema permanecendo calada ou ensaiando muito bem tudo o que precisava dizer. Era por isso que gostava de ser atriz. Podia treinar as falas várias vezes, trabalhar nos diálogos com minha fonoaudióloga e, depois, dizê-las sem sentir vergonha. Glória havia me ajudado muito. Além das sessões duas vezes por semana, ela me dava assistência sempre que eu conseguia um novo papel. Naquele dia, ela ia repassar comigo minhas falas antes de eu ir para o estúdio às dez da manhã.

— Devagar... Você está falando rápido demais e atropelando as palavras!

Tentei de novo.

— Agora está muito nasal — ela comentou. — Comece outra vez.

Logo em seguida, ela me interrompeu novamente:

— Você está com a garganta muito tensa. É melhor repetir suas falas com esta rolha entre os dentes — abri a boca sem me queixar para que Glória pudesse colocar a rolha. — Agora fale pelo diafragma, não pela garganta.

Ensaiamos as falas um sem-número de vezes. Mudar hábitos incorretos de dicção é, com certeza, muito mais difícil do que aprender a falar corretamente desde o início. Trabalhamos durante uma hora e, no final, eu estava exausta e começando a tremer. Sabia que a depressão e a amargura cada vez maior contra o Rick estavam afetando meu corpo. Ficava doente com freqüência e me sentia feia e velha. Estava morrendo por dentro. Todas as escolhas que eu havia feito para minha vida na tentativa de salvá-la estavam me matando. Por vezes, sentia que havia outros seres morando dentro de mim sobre os quais eu não tinha controle. Talvez fosse resultado das drogas que eu havia usado ao longo dos anos ou talvez das tentativas de ter experiências fora do corpo.

Enquanto eu pagava Glória antes de sair, ela me olhou com aquela mesma expressão que eu havia visto em tantas pessoas. Era como se dissesse: "Stormie é uma moça tão legal, tão cheia de potencial. O que será que há de errado com ela?".

Dirigi até a CBS, ansiosa para trabalhar, mas, como sempre, cheia de medo. Minha infelicidade em casa só aumentou a dedicação ao trabalho. O Glen Campbell Show estava começando uma nova temporada, e eu tinha um papel muito bom logo no primeiro segmento. Além dessa série, estava aceitando todas as gravações, comerciais ou pontas em filmes que conseguia encaixar na agenda. Eu vivia para o número cada vez maior de papéis que me ofereciam. Sentia-me mais à vontade na CBS do que em minha própria casa em Benedict Canyon.

Naquela noite, cheguei em casa mais cedo do que de costume. Rick estava assistindo à televisão. — Estou exausta — comentei enquanto subia até o quarto para tirar uma soneca. — Você me chame às oito horas para eu preparar o jantar.

Deitei na cama e puxei o cobertor até a cabeça para não ver a claridade. A única coisa de que me lembro depois disso foi Rick puxando o cobertor de cima do meu rosto. Meus olhos estavam abertos, fixos no alto da parede. Ele disse meu nome, mas eu não conseguia ver nem ouvir nada.

Quando ele me sacudiu, voltei à consciência com um ataque de histeria e percebi o que havia acabado de acontecer. Era como se meu espírito tivesse deixado o corpo e ido a um lugar de grande tormento. Por alguns instantes, senti como se tivesse perdido controle sobre parte de meu ser e temi não ser capaz de recuperá-lo. Soluços incontroláveis sacudiam meu corpo.

Tentando me acalmar, Rick ofereceu-se para buscar um copo de água e levantou-se para ir até a cozinha.

— Não! Não me deixe sozinha! — supliquei. — Eu vou com você.

Ele colocou o braço ao redor de meu ombro, ajudou-me a descer as escadas e colocou-me nos degraus da entrada do escritório. Ao cobrir o rosto com as mãos e chorar, não o vi afastar-se e entrar na cozinha. Quando ouvi o som de passos voltando, olhei para o corredor e vi uma forma escura vindo em minha direção. Parecia minha mãe carregando uma faca e achei que ela iria me matar!

— Socorro! Alguém me ajude — não conseguia parar de gritar.

Percebendo que eu estava sofrendo uma alucinação, Rick agarrou-me pelos ombros e sacudiu-me com força.

— Stormie! Sou eu, Rick! — ele gritou em meu rosto.

Olhei para ele completamente perplexa.

— Rick... Eu pensei que era... — não pude continuar. Provavelmente havia confundido o reflexo do copo de água na mão de Rick com uma faca. Mas eu não podia contar-lhe. Nunca havia contado a ninguém. — ... não sei quem pensei que você fosse — balbuciei e comecei a tremer.

Depois dessa experiência, tinha medo de ficar sozinha até durante o dia. Rick nunca mencionou o incidente. Talvez pensasse que eu era louca, ou talvez fosse passivo demais para se importar muito com isso. Ele não era de falar muito mesmo.

Alguns dias depois, senti feridas dolorosas se formando em minha boca e mal podia comer ou engolir. Por fim, consultei um médico, e ele diagnosticou uma séria deficiência de vitamina B.

— Não sei que tipo de vida você leva, mas está sob estresse demais — ele disse.

— Mas tenho uma alimentação saudável e faço exercícios — protestei.

— Uma boa alimentação e atividade física são importantes, mas não compensam o excesso de tensão. Você precisa trabalhar menos e descansar mais. E precisa se livrar da causa de todo esse desgaste. Você só tem 28 anos. É jovem demais para ter problemas desse tipo. Com o passar do tempo, a tendência é piorar. Por ora, o que posso fazer é receitar injeções de vitamina B três vezes por semana até você melhorar.

Naquela tarde, voltei para casa e olhei no espelho. Havia linhas profundas ao redor dos olhos, da boca e na testa. Meu cabelo estava opaco e sem vida. Minha pele tinha um tom cinza amarelado. Meu corpo estava cronicamente exausto, e minhas formas não tinham uma aparência saudável. A dor interna era insuportável. Sentia-me velha e desgastada e parecia que tudo estava perdido. Afundei numa depressão mais intensa do que todas as depressões que havia sofrido até então. Voltei a pensar seriamente em cometer suicídio e até planejei os detalhes.

Nunca conversava com ninguém sobre o que estava se passando dentro de mim, mas ao participar de uma gravação com Terry, minha amiga cristã, lhe falei sobre minha experiência fora do corpo e como fiquei assustada. Ela me aconselhou a repetir o nome de Jesus várias vezes quando eu sentisse medo. "Isto afastará o medo", ela me disse.

Achei o conselho estranho, mas, aos primeiros sinais de medo, fiz como ela sugeriu e, para minha surpresa, o medo dissipou-se.

Para mim, o nome de Jesus não tinha nenhum significado especial, mas se tinha algum tipo de poder, então por que não usá-lo? Pelo menos daquela vez havia ajudado.

Minha aflição emocional estava afetando seriamente o trabalho. Comecei a perder a concentração, e minha voz falhava por causa da tensão na garganta. Certa noite, uma amiga me telefonou para dar o nome de um psiquiatra.

— Por que você não liga para ele? — sugeriu. — Ele me ajudou muito e sei que pode ajudar você também.

— Esse médico vai *conversar* comigo? — perguntei, me lembrando do dinheiro que havia desperdiçado com médicos que, a meu ver, precisavam de mais ajuda do que eu. — Não preciso de mais um psiquiatra que vai me obrigar a falar sem parar enquanto ele fica sentado lá com cara de tédio ou me olhando como se eu fosse louca.

— Esse médico conversa com você — garantiu minha amiga. — E também dá bons conselhos.

Com essa garantia e a esperança de que ele poderia me ajudar a controlar a dor emocional e lidar com a depressão, marquei uma consulta para a semana seguinte.

Em meu primeiro encontro com dr. Foreman, descobri que ele era um senhor extremamente agradável e gentil. Estava na casa dos 50 anos, tinha cabelos grisalhos e cobrava cinco vezes mais do que qualquer outro médico com o qual eu havia me consultado até então. Mas se ele fosse cinco vezes mais atencioso, valeria a pena. Desde o primeiro momento, ele me tratou como uma pessoa inteligente, não como uma doida varrida. Isso me impressionou tanto que logo me senti à vontade. Ele pediu que eu me sentasse na cadeira do outro lado da mesa dele e perguntou com um sorriso caloroso:

— O que está perturbando você, minha jovem?

— Vivo constantemente com medo, dr. Foreman, e nem sei ao certo do que tenho medo. Estou sempre cercada de pessoas, mas sinto uma solidão insuportável. Sofro de depressão debilitante e de crises de ansiedade que me fazem sentir como se estivesse morrendo. Também não sei o que fazer sobre a dor emocional que sinto o tempo todo. Pensei que as coisas melhorariam quando eu me casasse, mas, na verdade, só pioraram.

Era inacreditável que eu tivesse desandado a falar tudo isso para aquele homem, mas não podia mais me conter. Dr. Foreman riu de forma compreensiva, inclinou-se sobre a mesa e bateu de leve na minha mão, me tranqüilizando.

— Não se preocupe tanto. Os sintomas que descreveu parecem indicar algo muito profundo dentro de você que, provavelmente, está tentando esconder. É como se, quando criança, tivesse trancado num armário aquilo que lhe pareceu um leão, pois ele a assustava tremendamente. Ao longo dos anos, à medida que você foi crescendo, continuou pensando naquele leão e em como ele era assustador. Mas, como uma pessoa adulta que é hoje, se abrisse o armário e deixasse o leão sair, provavelmente perceberia que, na verdade, ele não passa de um gatinho. Ele parecia grande para uma garotinha, mas agora não é mais motivo para medo. Precisamos abrir algumas portas de seu passado para que veja que as coisas antes tão assustadoras não representam mais uma ameaça para você.

Com as palavras calmas e tranqüilizadoras do dr. Foreman, sabia que, finalmente, poderia contar minha história para alguém — coisas que nunca havia dito a *ninguém*. Respirei fundo e comecei a falar de minhas lembranças mais antigas.

4

Lembranças da infância

ESTAVA SENTADA com as pernas cruzadas sobre um cesto grande transbordando de roupa suja. Enquanto esperava dentro do pequeno armário debaixo das escadas, sentia o cheiro reconfortante das camisas sujas de meu pai. A casa antiga de dois andares era tão pequena que podia ouvir exatamente onde minha mãe estava a maior parte do tempo. Naquele momento, estava saindo do quarto minúsculo no segundo andar e podia ouvir seus sapatos nas tábuas enquanto ela descia as escadas.

Quando os passos se aproximaram do armário, prendi a respiração.

"Quem sabe ela vai me deixar sair", pensei. "Ou será que vou levar outra surra?"

Ela passou direto e entrou na cozinha.

"Ela deve ter me esquecido aqui." Comecei a chorar baixinho e me perguntei quanto tempo ficaria presa daquela vez.

A única fonte de luz dentro do armário apertado vinha de uma pequena fresta na parte de baixo da porta. Não tinha coragem de sair de onde estava para olhar pela fresta por causa dos ratos que andavam por ali. Tinha medo que pulassem em mim. Certa vez, encontrei uma cobra grande na despensa ao lado da cozinha e a possibilidade de haver outra comigo no armário era bastante real. Assim, procurava manter os pés bem longe do chão.

"Por que a mamãe está sempre brava comigo?", perguntei a mim mesma em meio à escuridão e ao silêncio. Eu só havia pedido um copo de água. Ela havia se virado para mim e gritado: "Eu não suporto olhar para você! Para dentro do armário, já!" Nunca resistia à sua ordem, pois havia aprendido logo cedo que, se eu chorasse ou protestasse, receberia uma surra antes de ser trancada no armário. Minha mãe tinha uma personalidade tão forte que até meu pai parecia impotente diante de seu furor, pois ele sempre a deixava fazer o que bem entendia.

Vi sua sombra passar pela porta e ouvi mamãe resmungando consigo mesma ao se dirigir para a sala. Estava em seu mundo de fantasia outra vez e levaria horas para o papai chegar em casa e ela voltar à realidade.

Imaginei meu pai labutando no sol quente. Era um homem alto, quieto e tranqüilo, de traços retos e mãos grandes que sempre trabalharam longas e árduas horas para obter pouco mais do que a subsistência da família. Quando não estava trabalhando, estava "morto de cansaço", como ele sempre dizia. Nesse dia, ele estava carregando tábuas de madeira para outro sitiante. Apesar de ter um bocado de trabalho no próprio sítio, precisava desse dinheiro a mais para pagar as contas. Eu queria que ele passasse mais tempo conosco, pois, quando ele estava em casa, mamãe não me colocava no armário. Certa vez, tentei falar com meu pai sobre isso, mas minha mãe me chamou de mentirosa e levei uma surra. Nunca mais toquei no assunto.

Lágrimas quentes começaram a correr pelo meu rosto. Por que a mamãe estava sempre brava comigo? Será que todas as crianças tinham de ficar de castigo em armários escuros e abafados? Eu não conhecia outras crianças, pois morávamos num pequeno sítio no estado de Wyoming, pouco menos de 30 quilômetros da cidade mais próxima e a vários quilômetros de quaisquer vizinhos. Não tínhamos rádio nem telefone e, com exceção de alguns parentes que vinham nos visitar de vez em quando, vivíamos isolados do resto do mundo.

As visitas dos parentes eram o auge de minha existência. Quando estava perto deles, minha mãe se transformava em outra pessoa. Era alegre, generosa, extrovertida e radiante. Seus olhos azuis-claros brilhavam enquanto ela tocava piano e cantava, e todos se reuniam ao seu redor para cantar junto. Eu admirava sua bela voz e sorriso lindo. Um dia, ouvi a tia Delores, irmã mais velha da minha mãe, dizer que a figura esguia e os cabelos escuros de mamãe a faziam lembrar da atriz Vivien Leigh, do filme *E o vento levou*.... Eu esperava poder assistir a esse filme algum dia.

Jean, a irmã mais nova e bem-humorada de minha mãe, geralmente acompanhava tia Delores, tio Mark e seus três filhos. Essas ocasiões em que estávamos todos juntos eram momentos de êxtase para mim. Quando iam embora, toda a felicidade desaparecia de minha vida. Trocávamos abraços e nos despedíamos, mas assim que o carro tomava o rumo da estrada, eu tentava conter as lágrimas enquanto minha mãe começava sua série habitual de comentários maldosos. "Não passam de um bando de sanguessugas", resmungava enquanto entrava em casa. "Querem só comida e um lugar para dormir. Não têm nenhuma consideração por nós." Papai não dizia nada e saía para trabalhar no celeiro. Quanto a mim, sabia que em um dia ou dois estaria de volta no armário.

Certa vez, meu avô materno passou algum tempo morando conosco. Papi, como costumávamos chamá-lo, tornou-se meu melhor amigo e sua estadia trouxe alívio temporário para minha existência infeliz. Ele e minha mãe discutiam o tempo todo, mas ela nunca batia em mim quando ele estava presente. Quase morri de saudades do Papi quando ele foi embora. Ele era um maravilhoso alívio de minha miserável existência.

Minha mãe tinha duas personalidades distintas, e uma delas, a má, ela reservava para mim quando estávamos sozinhas. Nessas ocasiões, ela era crítica, fria e imprevisível. Seus ataques repentinos de raiva me assustavam, e tinha muitos pesadelos com ela. Mas quando havia outras pessoas por perto, ela se preocupava ao extremo em manter as aparências. Era importante que ela parecesse perfeita. Aliás, ela costumava me dizer:

— Eu sou perfeita. Nunca fiz nada errado.

— Nunca? — eu questionava incrédula.

— Nunca — ela declarava com veemência. Eu sabia que sempre ficaria aquém dessa perfeição. Ela me dizia com freqüência que eu era feia e burra e que nunca seria nada na vida.

Não demorei a aceitar o fato de que era uma pessoa não apenas insignificante, mas também indesejável. Desamparo, desespero, inutilidade, rejeição, abandono, tristeza, medo e auto-aversão eram palavras grandes demais para eu verbalizar, mas também eram sentimentos que tinha diariamente.

As horas estavam passando devagar dentro do armário nesse dia quente e úmido. O ar parado e viciado me deu sono e cochilei um pouco. Acordei quando ouvi mamãe indo até a cozinha preparar o jantar. Alguns minutos depois ela abriu a porta do armário, e me arrastei para fora, tão grata por estar livre que nem sequer me queixei. Papai chegou logo depois, esticou-se no sofá e disse: "Estou morto de cansaço". Ele não foi grosseiro, mas ficou claro que não teria tempo para mim. Algumas vezes, eu queria tanto que papai ou mamãe me dessem um grande abraço ou beijo, mas não me lembro de nenhuma ocasião em que isso tivesse acontecido.

Mamãe nos chamou para o jantar. Exceto pelo comentário de papai de que passaria os próximos dois dias carregando madeira no sítio vizinho, fizemos a refeição em silêncio. Quando terminamos, ele avisou que ia dar comida para as vacas e saiu.

Eu morria de medo do escuro e não havia luz elétrica no sítio. Quando fui para cama, meu quarto estava envolto em breu, exceto pela claridade fraca que vinha da cozinha. Puxei o cobertor sobre a cabeça e permaneci imóvel. Acordei com um pulo pouco tempo depois, tremendo de medo, provavelmente de um pesadelo. Saí da cama e fui para a cozinha pegar um copo de água. Mamãe ainda estava lá e, ao entrar, quase trombei com ela. Para meu desespero, ela estava segurando uma faca de açougueiro. Erguida contra a luz fraca, a lâmina de aço brilhava enquanto um sorriso sinistro abria-se no rosto de minha mãe e ela me fitava com seu olhar frio. Dei alguns passos para trás, e ela começou a rir. O riso transformou-se numa gargalhada alta e insana enquanto eu corria pelas escadas para o quarto e, trêmula, me escondia debaixo do cobertor. Levei um bom tempo para cair num sono agitado.

Acordei com o sol nascendo e pensei em minha mãe, segurando aquela faca como se quisesse me acertar. A memória daquele momento de horror nunca deixou minha mente. Depois disso, costumava ter pesadelos em que via minha mãe na cozinha com a faca erguida, rindo de meu medo.

POUCO ANTES DE EU COMPLETAR 6 ANOS, nos mudamos para outro sítio que também ficava cerca de 30 quilômetros da cidade. Como no sítio anterior, não havia nenhuma conveniência moderna. Nenhum banheiro dentro de casa, apenas uma casinha malcheirosa do lado de fora. Nada de água encanada, telefone ou rádio. Havia luz elétrica, mas o único aquecimento era um forno a lenha na sala de jantar. A vida era difícil lá, e tudo exigia esforço. Por outro lado, o sítio era cercado de vizinhos amigáveis. Eles não apareciam sempre, mas, quando vinham nos visitar, mamãe os recebia com cordialidade.

Naquele inverno, minha garganta infeccionou e inchou a tal ponto que eu não conseguia ingerir nenhum alimento sólido e, quando bebia algo, a dor era insuportável. As passagens nasais encheram-se de uma substância grossa que o médico removia diariamente com um instrumento especial. Como tudo naquela cidade pequena, o hospital estava superlotado, e não tinha um leito para mim. Assim, meus pais e eu enfrentávamos a neve todos os dias para que o médico pudesse me dar uma injeção e remover aquela substância purulenta de meu nariz. Eu suportava o tratamento doloroso na esperança de melhorar logo para conseguir voltar a comer.

Depois de algumas semanas sem melhora, o médico ficou preocupado com minha perda de peso e fraqueza. Colheu sangue, urina e amostras do muco nasal e enviou tudo a outra clínica para descobrir o que estava acontecendo. Voltamos para casa e ficamos à espera dos resultados.

Naquela noite, começou uma tempestade de neve que nos impediu de sair por vários dias. Quando a tempestade piorou, minha mãe arrumou uma cama para mim na sala de jantar, perto do forno. A temperatura estava perto dos 20 graus abaixo de zero e, como não havia banheiro dentro de casa, eu tinha de usar um balde grande de metal que ficava debaixo da cama. Apesar do cheiro, não era possível esvaziar o balde todos os dias por causa do frio.

Eu tinha dificuldade de respirar e estava tão fraca que, em vários momentos daqueles dias longos e frios, sentia que a morte seria um alívio. Em meio a essa aflição, percebi em minha mãe uma preocupação que nunca havia visto antes. Ela continuava tentando me dar algo para beber, mas depois de um ou dois goles, a dor se tornava intensa demais.

Havia se passado uma semana desde minha última consulta e ainda não sabíamos o resultado dos exames. Com a tempestade de neve era impossível chegar à cidade e não tínhamos como entrar em contato com o médico. Papai passava a maior parte do dia tentando alimentar os animais do sítio.

Uma tarde, ouvimos alguém bater à porta. Eu estava fraca demais para me importar ou perceber como era estranho alguém aparecer em nossa casa naquele tempo inclemente. Minha mãe espantou-se ao abrir a porta. Era o médico com seu casaco pesado, chapéu, botas e luvas cobertos de neve.

— Tive de vir logo — disse enquanto tirava o casaco. — Dirigi até onde foi possível e depois andei alguns quilômetros. Se sua filha não tomar este remédio, pode morrer a qualquer momento.

Qual não foi meu espanto ao ouvir suas palavras. "Esse homem veio até aqui para salvar minha vida!"

Enquanto tirava o paletó e arregaçava as mangas da camisa, o médico explicou para minha mãe que eu estava com "difteria nasal". Depois de me examinar rapidamente, ele aplicou a injeção no pouco de carne que ainda restava em meu traseiro.

Caí no sono assim que o médico foi embora, e quando acordei várias horas depois, podia ver a luz do sol poente refletida numas garrafas de refrigerante sobre a mesa da sala de jantar. Minha garganta estava bem melhor e, pela primeira vez em semanas, pedi algo para comer.

Mamãe parecia transbordar de alegria e, quando meu pai voltou para casa, ela o recebeu com as boas notícias, contando o que médico havia feito. Com seu jeito tranqüilo de sempre, papai não disse muita coisa, mas vi por seu sorriso que ele ficou aliviado.

A recuperação foi lenta, mas o comportamento de minha mãe me fez querer ficar mais tempo na cama. Ela não me dizia nenhuma palavra ríspida. Sorria com freqüência, tocava o piano e cantava lindas canções. Era como se aquela quase tragédia tivesse lhe dado uma nova perspectiva da vida.

À medida que a neve derretia e podíamos ver os primeiros sinais da primavera, pensei que talvez a vida seria diferente. A severidade de minha mãe ficaria no passado e seríamos uma família feliz o tempo todo. Infelizmente, essa esperança durou pouco. Aos poucos, ela voltou a seu mundo invisível e o período de minha convalescença foi minha última memória de felicidade.

A MANHÃ ESTAVA QUENTE, mas enquanto eu corria para a beira da estrada, estremecia só de pensar que mais um dia de aula estava para começar. O ônibus amarelo imponente parou diante de mim e abriu a porta. Quando hesitei, o motorista acenou e disse: "Não posso esperar o dia todo, menina". Nas primeiras vezes, ele se mostrou compreensivo com meu medo, mas agora só expressava irritação. Eu era uma dentre muitas paradas na viagem de quase uma hora até a cidade.

Entrei rapidamente e sentei no segundo banco atrás do motorista. Espremi-me contra a janela na esperança de que ninguém me notasse. À medida que mais alunos entravam, o barulho crescia. Todos pareciam conhecer alguém e suas conversas animadas me assustavam. Permaneci imóvel, olhando pela janela e torcendo para que ninguém notasse minha existência. Meu desejo foi atendido.

Finalmente, o ônibus parou em frente à escola. Eu havia sobrevivido a mais uma viagem sem que ninguém falasse comigo.

A escola era ainda mais assustadora que a viagem de ônibus. Por causa da longa enfermidade, eu era a criança mais velha e mais alta de minha classe de primeira série. Não tinha roupas bonitas como as das outras meninas. O cabelo delas era lindo e brilhante; o meu parecia palha emaranhada. Meu único refúgio era a sala de aula. Ali eu me sentia segura. Nunca falava, a menos que me pedissem e obedecia a todas as ordens e regras. As lições não eram muito difíceis; eu estudava com afinco e, como resultado, sempre tirava nota 10.

Meus problemas estavam fora da sala de aula. Morria de medo do *playground,* onde as crianças corriam de um lado para o outro gritando, rindo e participando de brincadeiras que eu não conhecia. Exceto por meus primos que nos visitavam muito raramente, eu não tinha outras crianças para brincar comigo, de modo que não sabia como me relacionar com ninguém de minha idade. No recreio, eu me escondia nos arbustos em volta do *playground* e esperava o sinal tocar. Se uma professora me encontrava e me mandava brincar, eu entrava na fila mais longa dos balanços. A fila também era um lugar seguro, pois podia passar algum tempo ali sem que ninguém me perturbasse. Quando era quase minha vez, corria para o final de outra fila longa, pois não sabia balançar e tinha medo de fazer papel de boba.

Na segunda semana de aulas, estava numa fila para os balanços quando um dos meninos me perguntou:

— Como você se chama, ô magrela?

— Stormie — balbuciei.

— Não acredito! — ele gritou. — Ei, pessoal, escutem essa! O nome dela é Stormie!*

Todos começaram a rir e fazer piadas sobre meu nome. Senti meu rosto ruborizando e o pânico crescendo dentro de mim enquanto

* Em inglês, *stormy*, pronunciado da mesma forma que *Stormie*, significa "tempestuoso". (N. da T.)

lutava em vão para conter as lágrimas. Soltei um suspiro trêmulo de alívio quando o sinal tocou e todos formaram fila para voltar às salas de aula. Fui tomada de uma sensação intensa de solidão e do desejo de sumir da face da terra. Se ao menos tivesse um nome normal como Mary Smith, não precisaria ouvir todas aquelas gozações!

Meu pai tinha escolhido o nome Stormie porque, além de nascer durante uma tempestade, ele dizia que eu sempre "fechava o tempo" antes de começar a chorar. Minha mãe queria que eu me chamasse Marilyn, mas papai disse que esse nome o fazia lembrar de uma pessoa antipática que ele conhecia. Os dois concordaram, então, que eu me chamaria Virginia, como minha mãe, mas o nome só ficou na certidão de nascimento, pois ninguém o usava. Mais tarde, até a certidão foi mudada para Stormie. Desde que entrei na escola, esse nome que nunca havia me incomodado se tornou motivo de intermináveis gozações.

Outro problema era minha fala. Percebi pela reação das outras crianças que não sabia falar muito bem. Não conseguia formar as palavras corretamente e hesitava na hora de pronunciá-las, às vezes gaguejando um pouco. Nas raras ocasiões em que tomava a iniciativa de conversar com alguém, falava tão baixo que nem sequer era ouvida e me sentia rejeitada quando não recebia uma resposta ou me atrapalhava embaraçosamente com as palavras.

Meus colegas faziam gozações, dizendo que eu falava de um jeito esquisito.

Eu detestava o recreio, pois era obrigada a me relacionar com as outras crianças. Nenhum professor ou outro adulto notou minha dificuldade e tentou me ajudar. Em se tratando de psicologia infantil, naquela época ainda estávamos na Idade das Trevas.

A vida em casa não era melhor do que na escola. A maior parte do tempo, minha mãe continuava com um comportamento imprevisível. Tinha repentes de raiva e violência e me castigava sem nenhum motivo. Outras vezes, passava dias agindo como se eu não existisse e nada do que eu fazia chamava sua atenção. Nessas fases, ela vivia num mundo de fantasia e discutia com pessoas imaginárias que haviam lhe feito alguma injustiça. Aprendi a não perturbá-la nessas ocasiões, pois ela me atacava com violência. Certa vez, peguei um colar de pérolas que minha mãe guardava num pequeno porta-jóias e o levei para usar na escola no dia das fotografias oficiais. Guardei o colar dentro do bolso e coloquei-o quando cheguei na escola. Enquanto todas as outras meninas tinham vestidos bonitos, eu usava sempre o mesmo par de calças azul-marinho e uma camisa xadrez vermelha. Na época, não me dei conta de que as pérolas destoavam completamente daquelas roupas de menino. Também não raciocinei que, quando minha mãe visse as fotos da escola, eu estaria numa grande enrascada — meu único desejo era parecer mais bonita.

Algumas tardes depois, eu havia acabado de chegar em casa quando mamãe perguntou:

— Você viu meu colar de pérolas?

— Não — respondi rapidamente, tentando esconder o pânico enquanto me esforçava para lembrar onde havia deixado o colar. Sabia que havia tirado no ônibus a caminho de casa e guardado no bolso da calça, mas havia esquecido completamente de pôr o colar de volta no porta-jóias.

Minha mãe me agarrou pelo braço e me arrastou até a pia da cozinha.

— Você vai aprender a não mentir para mim — disse em tom ameaçador, enquanto enfiava uma barra de sabão na minha boca até eu quase vomitar. — Encontrei as pérolas no bolso da sua calça. Fique longe das minhas coisas e não minta mais para mim.

Depois que ela tirou a barra de sabão, tive de agüentar por algum tempo a queimação terrível na língua até receber permissão para enxaguar a boca. O mais estranho é que esse episódio não me marcou de forma negativa, pois, tanto quanto me lembro, foi a única vez em que o castigo foi merecido. Foi algo normal e não fiquei triste. Algum tempo depois, quando a escola mandou minha foto usando o colar, mamãe deu risada e eu me senti aliviada.

Consegui, de algum modo, sobreviver à primeira série. No entanto, dois meses depois de começar a segunda série, mamãe e eu fomos visitar a tia Delores que morava em Omaha, Nebraska. Eu gostava de lá, pois minha mãe sempre me tratava bem quando estava perto de outras pessoas e meus primos eram ótimas companhias. O único problema era que, passados alguns dias, todos perceberam que minha mãe não tinha intenção de voltar para casa. Tempos depois, meu pai comentou que não haviam brigado, nem sequer discutido, de modo que ele não fazia idéia que ela estava se separando dele. No entanto, lembro-me de ouvi-la confidenciar à tia Delores que papai não a amava e que a vida no sítio era difícil demais.

Estudar em Omaha era ainda mais assustador do que em Wyoming. Os alunos eram crianças da cidade, e não filhos de agricultores. Vestiam-se melhor, eram mais seguros de si e mais instruídos. Tinham trejeitos e expressões que eu não conhecia. Não demorou a ficar muito claro que eu era diferente.

No recreio, tínhamos de andar em duplas até o refeitório, mas eu sempre ficava sobrando. A cada dia que eu andava sozinha, minha vergonha aumentava.

Minha solidão tornou-se tão intensa que, um dia, tomei coragem e resolvi me aproximar de um grupo de cinco crianças no *playground*. Estavam brincado perto de um arbusto coberto de neve e comecei a brincar com elas, tentando rir como elas estavam rindo. De repente, a menina maior olhou para mim e disse: "Vá embora! Você não é da nossa turma. Quem chamou você para brincar?" E as outras meninas concordaram: "É, cai fora!"

A dor daquela rejeição penetrou meu peito como uma faca. Corri para o outro lado do *playground* com os olhos turvos de lágrimas. Cheguei à beira do campo, mas não parei. Atravessei a rua e corri até a casa da tia Delores que não ficava longe da escola. Entrei, subi as escadas e fui chorar no quarto, escondida debaixo do cobertor. Minha mãe e a tia Delores tinham saído para fazer compras e o tio Mark tinha desligado seu aparelho de surdez e estava tirando um cochilo. Assim, ninguém sabia que eu estava lá.

Quando revivia essa experiência, repetidas vezes, em minha mente, queria morrer. Não havia ninguém na face da terra que me pudesse dar a hora do dia? Eu não estava ofendendo a ninguém. Só queria alguém para falar comigo e me aceitar de alguma forma.

Quando mamãe e tia Delores voltaram e me encontraram, disse-lhes que havia ficado com dor de estômago e voltado mais cedo para casa. A desculpa funcionou por alguns dias, mas quando fui obrigada a voltar, estava me sentindo tão magoada, rejeitada e sozinha que decidi não tentar me aproximar de mais ninguém. Naqueles dias, minha única alegria era tia Delores com seu senso de humor impagável.

Minha mãe resolveu ir embora logo depois do Natal. Todos pensaram que ela estava voltando para casa, mas seus planos eram outros. Dessa vez, fomos morar com a tia Grace em Grand Island. Assim que chegamos, fui matriculada em outra escola, e mamãe encontrou um emprego.

Tia Grace morava numa casa antiga e espaçosa de dois andares, parecida com a casa da tia Delores. A varanda grande era cercada de arbustos de lilás que enchiam o ar de um perfume maravilhoso ao florescerem na primavera.

Por dentro, a casa era confortável e limpa, e tia Grace estava sempre fazendo alguma coisa apetitosa na cozinha. Apesar desse ambiente agradável, eu sentia muitas saudades de meu pai.

— Quando vamos voltar para casa? — perguntei mais uma vez.

— Não sei. Pare de perguntar — minha mãe respondeu abruptamente.

Nessa nova escola, me conformei com a solidão e encontrei consolo em ler e escrever cartas para meu pai. Fiz o melhor que pude para suportar a dor até chegarem as férias.

Quando papai finalmente veio nos visitar, tia Grace seguiu a sugestão de tia Delores e informou minha mãe que era hora de ela voltar para o marido. Uma vez que não tinha mais para onde correr, mamãe arrumou nossas coisas relutantemente e voltou para o sítio. Assim que chegamos, ela entrou em seu estado habitual de desânimo e irritabilidade. Apesar de tudo, fiquei feliz de estar em casa com meu pai.

Mas não demorou para nos mudarmos de novo. No inverno seguinte, uma forte tempestade de neve matou boa parte das criações de animais de nosso sítio. Depois, vieram as chuvas de granizo que acabaram com as plantações. As dificuldades da vida no sítio em Wyoming tornaram-se insuportáveis. Então, meus pais ouviram falar que era bem mais fácil ganhar a vida no sul da Califórnia. Assim, empacotamos nossas coisas e fomos para o Oeste, na esperança de encontrar uma vida melhor.

5

Dor crescente

A VIDA "MELHOR" foi um pequeno posto de gasolina em Compton que papai tomou em arrendamento, junto com uma casa que parecia mais um barraco. A porta da frente da casa dava para a porta dos fundos do posto, de modo que a graxa e a sujeira tornaram-se elementos comuns do dia-a-dia. Ao lado, havia um campo aberto cheio de ratos que encontravam facilmente o caminho para meu quarto. Os mais ousados subiam na cama e corriam em cima da colcha. Quando isso acontecia, eu ficava paralisada de medo e não conseguia mais dormir.

Papai trabalhava catorze horas por dia, de segunda a sábado, das 7 da manhã às 9 da noite. Quando não estava trabalhando, sempre se queixava de estar "morto de cansado". Embora trabalhasse muito, o que conseguia mal dava para sobrevivermos.

Nossa pobreza era evidente. Ninguém vivia num casebre pior nem dirigia um carro mais velho que o nosso. E apesar de eu ter cinco vestidos novos para ir à escola — um para cada dia da semana — o tecido era tão ruim que logo estavam desbotados e não serviam mais direito. A comida quente servida no almoço da escola era a melhor refeição do dia. Muitas noites, ia para cama com fome, pois não havia na cozinha quase nada para comer, senão uma jarra quase vazia com maionese e uma garrafa de *ketchup*. Em casa, minha alimentação consistia praticamente em pão com margarina.

Aos poucos, a fome e os ratos foram acabando com nossas esperanças. Minha fuga nessa época era sonhar que, um dia, eu seria uma linda atriz de cinema. Teria milhões de dólares, vestiria roupas impecáveis, andaria de um lado para o outro numa limusine com chofer, viveria num palacete e teria uma empregada. Aonde quer que eu fosse, fãs e pretendentes bonitos me dariam o amor que eu nunca havia recebido em casa.

Consegui vislumbrar alguma esperança quando minha irmã nasceu. Por algum tempo, pareceu que mamãe havia recomeçado sua vida. Minha felicidade não tinha limites. Apesar de Suzy ser quase doze anos mais nova, eu a considerava uma companheira, alguém com quem conversar, me relacionar, amar e abraçar, a cura para minha solidão profunda. Além disso, ao ver mamãe cuidando de Suzy, imaginei que talvez ela também começaria a cuidar de mim.

Uma tarde, ao chegar da escola, ouvi Suzi, então com três meses, chorando no quarto de minha mãe. Entrei em meu quarto para fazer a montanha de lições que os professores sempre mandavam. De repente, minha mãe estava a meu lado. Olhei para cima, e ela colocou a bebezinha em meu colo.

— Tome! Ela é toda sua.

— Mas eu estou fazendo minha lição de casa — protestei.

— Não discuta comigo. Daqui para frente, Suzy é sua responsabilidade. Quando você não estiver na escola, você cuida dela.

— E quanto às aulas de teatro? Eu ia fazer um teste para participar da peça da escola.

— Depois da aula você vem direto para casa! — ela gritou. — Entendeu?

Fiquei aturdida. Como poderia fazer as lições de casa? Finalmente, havia começado a fazer alguns amigos, mas não teria nenhum minuto livre para desenvolver essas amizades. Não podia convidar meus colegas para virem em casa, pois o lugar era sujo demais, e minha mãe não queria ninguém por perto. Tentei ficar com raiva da Suzi por me causar tantos problemas, mas não consegui. Ela era dócil e afável, e eu havia me apegado a ela. Assim, Suzy tornou-se minha única fonte de afeição.

Certa manhã, pouco depois de eu ter completado 12 anos, acordei com a cabeça latejando. As cólicas e dores nas costas eram tão fortes que mal consegui levantar. Arrastei-me até o banheiro para mostrar à minha mãe o sangue que havia encontrado em minha camisola.

— Agora você tem a maldição de todas as mulheres — ela disse com expressão de nojo, como se aquilo fosse minha culpa. É claro que ela nunca havia me avisado das mudanças que ocorreriam em meu corpo e, a julgar por sua atitude, eu havia feito algo terrivelmente errado.

À medida que meus seios começaram a crescer, notei que as outras meninas da escola usavam sutiãs. Um tanto hesitante, pedi à minha mãe para comprar um para mim também.

— Não temos dinheiro para desperdiçar com você! — ela respondeu rispidamente. Foi até seu quarto e, logo depois, voltou segurando seu sutiã de amamentação.

— Pronto, agora você tem um sutiã. Suma da minha frente!

— Não posso usar isso aqui! — protestei.

— Por que não? Serviu para mim.

— É grande demais. Não posso comprar um para mim? Dou um jeito de ganhar algum dinheiro...

— Pode esquecer! Eu não tive nada de bom quando era criança. Por que você deveria ter?

Aquilo encerrou a discussão e tive de usar o que ela me deu. Morria de vergonha nas aulas de educação física, quando tinha de me trocar na frente das outras meninas no vestiário. Tentei esconder o sutiã desajeitado o máximo possível, mas elas não demoraram a descobrir.

— Onde você arranjou essa coisa? — perguntou uma de minhas colegas, quase gritando. — Ninguém usa *isso*!

Eu queria me enfiar dentro do armário e desaparecer enquanto todas as meninas riam. Em conformidade com sua natureza imprevisível, certa manhã de domingo, mamãe disse:

— Vista-se, nós vamos para a igreja.

— Igreja? — perguntei surpresa. Exceto por alguns casamentos, enterros e umas poucas ocasiões em que tia Delores nos convidava para algum culto, nunca íamos à igreja. Fiquei imaginando de onde ela havia tirado essa idéia tão absurda, mas era uma coisa tão atipicamente normal que logo me empolguei com a idéia.

Arrumei Suzy e fomos de carro para uma igreja pequena que não ficava muito longe de casa. Mamãe prestou atenção no sermão e deve ter gostado daquilo que ouviu, pois no domingo seguinte estávamos lá de novo. Algumas semanas depois, ela passou a lecionar na escola dominical, e comecei a participar do grupo de adolescentes. Ao vê-la agindo cada vez mais como uma pessoa normal, cresceram minhas esperanças de que ela também me trataria melhor em casa.

O pessoal que trabalhava com os adolescentes da igreja organizava festas na praia e piqueniques fantásticos. Fiquei perdidamente apaixonada por quase todos os rapazes do grupo e tentava fazer de tudo para chamar a atenção deles. Como eu era a mais pobre e mais jovem das meninas, pensava que o único jeito de conquistar os rapazes era ser "fácil".

Durante uma festa que estava acontecendo no salão social, alguém me viu beijando um rapaz no banco de trás de um carro no estacionamento da igreja. A pessoa telefonou para o pastor, e ele entrou em contato com minha mãe.

— Sua sem-vergonha — ela gritou, enquanto me agarrava pelos cabelos, batia minha cabeça na parede e estapeava meu rosto com a outra mão. — O pastor quer falar com você. Vamos lá agora e, quem sabe, ele te dá uma surra para criar juízo.

Entrei no escritório do pastor morrendo de vergonha. Minha mãe me chamava de vagabunda e bisca com tanta freqüência que, ao me encontrar diante do pastor, era exatamente assim que me sentia. Não tinha dúvidas de que ele estava zangado comigo.

Mas o pastor olhou-me com amor e compaixão. Pediu que eu me sentasse e disse calmamente:

— Não quero que uma menina encantadora como você se meta em encrencas. Vou orar com você, pedindo que isso não aconteça mais.

"Só isso?", pensei comigo mesma. Ele não disse mais nada além de sua oração curta que, aliás, eu não ouvi, pois estava aturdida demais. Nenhuma surra? Nenhum castigo? Ele me tratou com respeito e amor, e senti que havia recebido uma segunda chance. Prometi para mim mesma que não me esqueceria de sua misericórdia e que não repetiria aquele deslize — pelo menos não perto da igreja.

Quando eu estava terminando o ensino médio, nossa família finalmente se mudou do casebre imundo para uma casa relativamente decente numa vizinhança de classe média baixa. Mamãe sempre melhorava nos primeiros meses depois de uma mudança. Era como um recomeço, e ela se esforçava para cuidar da casa e manter uma aparência agradável. Infelizmente, essas fases não duravam muito tempo e, quando passavam, ela afundava ainda mais. Tornava-se irritável e maldosa e nunca dizia palavras de incentivo nem tinha um sorriso de aprovação. Chamava-me de nomes obscenos e não me poupava de castigos físicos. O único contato físico que tinha com ela era quando ela me dava um tapa na boca ou um soco na cabeça.

Depois de algum tempo, ela passava a maior parte do dia dormindo e, durante a noite, vagava pela casa conversando com pessoas imaginárias. Certa noite, num ataque de raiva — não faço idéia do que o provocou —, ela pegou uma Bíblia grande que havia comprado depois de começar a freqüentar a igreja e atirou-a pela porta dos fundos. A Bíblia caiu numa parte de terra do quintal. Entendi, com isso, que mamãe estava com raiva de Deus e da igreja. Ao que parece, ela perdoou Deus, pois, passados alguns dias, a Bíblia estava dentro de casa outra vez. No entanto, ela não perdoou a igreja, e nunca mais voltamos.

Ela fez amizade com alguns dos vizinhos de nossa rua e, apesar de nunca ter chegado a convidá-los para nos visitar, pelo menos os tratava com cordialidade. Mas, quando não havia ninguém por perto, ela gritava e se enfurecia comigo sem nenhum motivo aparente. Seu vocabulário tornou-se cada vez mais repleto de termos extremamente chulos. Ela só me chamava por nomes obscenos e, na melhor das hipóteses, de porca, vagabunda e bisca. Suzy estava aprendendo a falar e começou a assimilar alguns dos palavrões que mamãe usava e a tratar suas bonecas como mamãe me tratava. Minha mãe ficou horrorizada. Temendo que os vizinhos reparassem, ela mudou seu vocabulário e passou a controlar seu comportamento na frente de Suzy.

Sua disciplina era sistematicamente incoerente. Se eu tentava limpar nossa casa imunda, ela se enfurecia e gritava:

— A casa é minha, e não sua! Se eu quiser, eu mesma limpo.

E, no entanto, quando eu fazia algo de muito errado, como quando dirigi o carro antes de tirar a carteira de motorista, ou quando pus fogo nas cortinas de meu quarto enquanto fumava, ela não dizia nada. Seu comportamento era totalmente ilógico, e eu nunca sabia o que esperar. Seus abusos verbais e físicos foram se acumulando dentro de mim, a ponto de eu começar a desejar que ela morresse.

Claro que eu não podia levar nenhum colega de escola para casa, pois nunca sabia em que estado encontraria minha mãe. Sempre tive consciência de que vivia num lar insano, diferente do lar das pessoas normais. Não havia nenhum riso, nenhuma diversão, nenhuma paz em nossa vida e nenhuma esperança de que as coisas mudariam algum dia.

Raramente via meu pai. Ele saía para trabalhar no posto de gasolina antes de eu me levantar e, com freqüência, voltava para casa depois de eu me deitar. Quanto à minha irmã, era evidente que mamãe gostava dela. Na verdade, com Suzy ela foi ao outro extremo. Enquanto eu era tratada com violência e ódio, Suzy nunca era disciplinada. Às vezes eu me perguntava se mamãe estava tentando compensar pela forma como me tratava. Apesar da discrepância óbvia, nunca senti ciúmes. Era bom ver mamãe ser afável com alguém de forma constante. Além disso, Suzy era linda e afetuosa e me amava. Era minha amiguinha, minha companheira.

No ano anterior a meu ingresso no ensino médio, pela primeira vez na vida fui dormir na casa uma amiga, Mary Hammil. Mamãe ficou furiosa, mas eu fui do mesmo jeito. Quando Mary e a mãe dela me levaram de volta na noite seguinte, a sra. Hammil nos contou, toda alegre, que estava no segundo mês de gestação.

Uma semana depois, quando cheguei da escola, minha mãe me agarrou pelo cabelo, bateu minha cabeça na porta e começou a me estapear e gritar: "Sua assassina! Sua assassina! Você matou uma criança inocente! Espero que esteja feliz, sua vagabunda egoísta!"

Minha cabeça começou a rodar. O que eu havia feito? Será que havia esquecido a porta da frente aberta e minha irmã tinha saído e sido atropelada?

— Não sei do que você está falando — gritei de volta. — Eu não fiz nada.

— Você matou o bebê da sra. Hammil! — minha mãe gritou a plenos pulmões. — Ela perdeu o bebê e foi sua culpa. Ela teve de vir buscar você e trazer você de volta de carro. Ela não devia ter dirigido. Agora o bebê está morto. Sua assassina!

Desvencilhei-me dela, tranquei-me no quarto e atirei-me na cama aos prantos. O bebê havia morrido, e a culpa era minha! Todos me odiariam e ninguém falaria mais comigo.

Depois de algum tempo, comecei a acalmar-me e tentei raciocinar. Precisava telefonar para Mary e saber o que estava acontecendo. Abri a porta do quarto e, na ponta dos pés, aproximei-me do telefone. Mas mamãe me viu e gritou: "Não ponha a mão nesse telefone. Ele é meu, não é seu!".

No dia seguinte, assim que cheguei à escola perguntei a Mary sobre sua mãe. — Não foi nada grave — ela respondeu tranqüilamente. — Ela se sentiu mal e foi para o hospital. Foi um aborto espontâneo. Ela está bem.

— Minha mãe falou que a culpa é minha — disse, sem jeito. — Falou que fez mal ao bebê sua mãe ter dirigido para me buscar e levar em casa naquele dia.

— Que bobeira! Minha mãe estava dirigindo o tempo todo desde o começo da gravidez. Sua mãe é doida — Mary riu.

Ri com ela, mas, por dentro, algo em meu coração se endureceu ainda mais contra minha mãe. Prometi para mim mesma que *nunca mais* deixaria que ela me arrasasse daquele jeito. Ela podia me bater e tentar me destruir com suas palavras, mas jamais atingiria o ódio que eu sentia por ela. Daquele dia em diante, eu a veria como um animal louco, do qual sempre deveria desconfiar.

NAQUELE ANO, mamãe procurou tornar o Natal agradável, mas para mim foi mais um dia vazio. Essa época em que as famílias estavam reunidas e felizes só tornava ainda mais intensa a solidão que eu sentia, e ansiava que tudo terminasse.

No dia de Natal, mamãe surpreendeu-me com um presente. Era um pequeno diário de capa verde. Ela me deu outras coisas, mas o diário me pareceu algo especial e o guardei com carinho. Gostava de ler e de escrever, e sempre que tinha algum tempo livre, inventava histórias, peças, poemas e letras de música. Assim, escrever um diário seria uma excelente maneira de expressar meus sentimentos reprimidos. Estava tão ansiosa para começar minhas anotações no primeiro dia de janeiro que nem me preocupei quando perdi uma das duas chaves que tinham vindo com o diário.

Ao iniciar o registro de meus pensamentos e minhas atividades, anotava em especial quem havia reparado em mim naquele dia e quem havia me ignorado. Meu desespero por afirmação era tanto que praticamente suplicava por isso a todos que conhecia. Ao mesmo tempo, ficava desconfiada quando alguém me dava atenção, como se aquilo fosse algo anormal. Uma vez que não havia nenhuma intimidade, comunicação ou contato emocional em minha família, eu tentava suprir essas necessidades com meus namorados. Quando isso não funcionava, criava fantasias em meu diário. Apesar de continuar a me sair bem na escola, não era suficiente para compensar pelo vazio, pela solidão e pelo desespero que eu sentia. "Será que não existe ninguém que possa me amar?", eu dizia entre lágrimas durante a noite, dirigindo-me a um Deus distante e vago em algum lugar do universo.

Minha mãe parecia saber de tudo o que eu fazia, como se tivesse contratado detetives. Mas aquilo que eu *estava* fazendo de errado não parecia tão grave comparado com suas acusações. A linguagem degradante e chula que ela usava para falar comigo e os tapas na boca que eu recebia tornaram-se, subitamente, sem nenhum motivo aparente, cada vez mais insuportáveis. Os pesadelos em que ela me perseguia com uma faca voltaram a me atormentar.

Não demorou para ela me fazer pensar que talvez *eu* estivesse enlouquecendo.

— Onde está a sua saia branca? — ela me perguntou um dia.

— No armário. Onde mais poderia estar? — respondi com atrevimento.

— Não está lá. Você fez alguma coisa com ela. Está mandando suas roupas para suas amigas — acusou. Depois, começou a esbravejar sobre minha negligência.

Procurei no quarto da Suzi, na roupa suja e na pilha de roupas para passar, mas não encontrei a saia em lugar nenhum. Nem me ocorreu procurar no quarto de minha mãe, pois ela fazia questão que ninguém mexesse em suas coisas, e eu não tinha permissão de olhar em seu armário ou em suas gavetas.

No fim da tarde, fui procurar alguma outra coisa em meu armário, e lá estava a saia branca, pendurada bem diante de mim.

— A saia está aqui! — gritei para minha mãe. — Foi você que colocou no armário?

— Eu? Imagina! Estava aí o tempo todo. Como você pode ser tão cega? Você tem problemas mentais sérios — afirmou com autoridade.

Apesar de esses incidentes serem comuns e de eu suspeitar que ela os planejava, uma parte de mim começou a acreditar nela. "Estou enlouquecendo", pensei comigo mesma. "Não consigo lidar com essa vida. Sou uma desajustada e não me encaixo em lugar nenhum. Não consigo pensar claramente. Sinto-me perdida." Comecei a questionar o motivo de até estar viva.

Uma noite, estava na casa de uma amiga que morava do outro lado da rua, vendo-a preparar-se para um encontro. Ela era uma menina linda, e todos os meninos gostavam dela — tudo o que eu queria, mas não tinha. Ao me comparar com ela, minha depressão foi se intensificando e voltei para casa me detestando. Quando abri a porta, fui recebida por dois olhares zangados. Papai perguntou:

— Onde você estava? O que você estava fazendo?

Antes de eu poder responder, minha mãe começou a derramar seu veneno.

— Você estava vadiando com os meninos da vizinhança. Você estava com... — e listou os meninos de quem eu gostava.

Corri para o quarto. Como ela sabia de todos aqueles nomes e detalhes? Era verdade que estava interessada naqueles meninos, mas certamente nunca os havia mencionado para ela. Como era possível ela saber meus pensamentos?

Minha mãe me seguiu até o quarto e continuou com as acusações. Por fim, disse entre dentes cerrados:

— Seu pai e eu decidimos que você não pode mais ir à casa da vizinha. Você está proibida de ver seus amigos depois da aula e de usar o telefone.

Ela não ameaçou cortar minha mesada porque eu não recebia nada, nem me proibiu de ir a algum lugar especial porque eu nunca ia a lugar nenhum. Mas os poucos privilégios que eu tinha foram retirados.

Quando finalmente ela saiu de meu quarto, não chorei. Era como se tivesse voltado ao armário e fosse uma garotinha outra vez. Medo, terror, desespero e uma sensação de inutilidade me inundaram com força insuportável. A voz dentro de minha cabeça disse: "As coisas nunca vão mudar". Se isso era verdade, não podia suportar nem um dia mais.

Esperei até que a casa toda estivesse quieta, e fui até o banheiro. Abri o armário e peguei todos os remédios que encontrei ali. Engoli os comprimidos de um vidro e meio de aspirina, alguns analgésicos, remédios para dormir e outros medicamentos. Quando terminei, voltei para o quarto, vesti uma camisola e um robe limpos e me deitei, sabendo que não voltaria a acordar. Não se tratava de um plano para conseguir atenção ou carinho. Só queria dar um basta na agonia.

Quando abri meus olhos novamente, minha vista estava embaçada. O quarto não parava de girar, e eu me sentia fraca, zonza e enjoada. Virei para o lado e percebi que estava claro. Com algum esforço, consegui enxergar a hora no relógio perto da cama. Era uma da tarde.

O que havia acontecido? O que tinha saído errado? Por que eu ainda estava viva? Aos poucos, me lembrei. Em algum momento durante a noite, minha mãe tinha me segurado perto da banheira e me obrigado a beber algo horrível até eu vomitar.

Cambaleei até o banheiro e tranquei a porta. Os vidros vazios de remédio estavam no lixo. A maior parte era aspirina. O remédio para dormir e os outros analgésicos eram antigos, da época do nascimento de Suzy, quando minha mãe não conseguia descansar. Talvez tivessem perdido o efeito. É evidente que não haviam sido o suficiente para me matar, mas tinham servido para me fazer passar muito mal.

Ao voltar para cama, recapitulei as acusações de minha mãe. De onde ela havia obtido aquelas informações? Como ela sabia daqueles meninos? Foi então que entendi. O diário! A chave perdida! Tudo aquilo estava no diário, e ela o havia lido para saber de minha vida. Até mesmo meus pensamentos mais íntimos haviam passado por seu escrutínio.

Pela porta fechada, ouvi o som abafado do aspirador. Sempre que alguma coisa horrível acontecia, ela passava aspirador na casa. Era sua maneira de negar o problema e parecer perfeita. E qual era o problema? Eu era uma vadia que não prestava para nada, uma desgraça para a raça humana.

Ou será que *ela* era o problema? Eu havia visto famílias em número suficiente para perceber que minha mãe não era normal. Havia algo terrivelmente errado. Pouco tempo antes desse episódio, ela havia começado a dizer que pessoas a estavam observando pela televisão ou seguindo-a quando ela saía de casa. Quando meu pai ou eu tentávamos convencê-la do contrário, ela ficava histérica e não conseguíamos contê-la. Cada vez mais pessoas estavam tentando "matá-la": os comunistas, os católicos, os negros, os brancos, os ricos, os pobres, os batistas, os armênios, a família Kennedy e assim por diante, até a lista incluir quase todos que conhecíamos.

Quando finalmente me levantei no final da tarde, mamãe não disse uma única palavra, nem mesmo para indicar que havia me visto ou perguntar como eu estava me sentindo. Eu também não falei nada. Era como se tivéssemos concordado silenciosamente em não dizer a ninguém o que havia acontecido.

Voltei para a escola dois dias depois. Minha mãe mandou um bilhete para a professora explicando que eu havia ficado gripada. Eu não sabia muito bem por que ainda estava viva, mas a crise havia passado e, por algum motivo, não tinha mais vontade de morrer. Era, talvez, porque eu sabia que mamãe havia percebido que tinha passado dos limites, mas eu não alimentava nenhuma esperança de que ela mudaria algum dia. Contar para papai estava fora de questão.

Sabia que, se dissesse alguma coisa para ele, mamãe me acusaria de mentir e eu seria castigada. Ele sempre acreditava nela.

É claro que mamãe não começou a me tratar com afeto, mas pelo menos parou de me atacar com tanta violência. Voltamos ao padrão normal de nossa família, em que todos fingiam que não havia nada de errado. A única solução para minha vida era terminar o ensino médio e sair de casa o mais rápido possível. Todas as minhas atividades voltaram-se para esse alvo.

6

Ódio perene

Minha estratégia de fuga tinha vários elementos. Primeiro, depois de nos mudarmos novamente antes de meu segundo ano do ensino médio, reavaliei minhas estratégias para conseguir atenção dos colegas. Troquei a linguagem vulgar e comportamento libertino por métodos mais respeitáveis como concorrer para o grêmio estudantil e participar das peças de teatro da escola. Descobri que, se eu ensaiasse minha parte com tempo e afinco, podia articulá-las sem que ninguém percebesse que eu tinha um problema de fala.

Apesar da melhora, sabia que precisava da ajuda de um fonoaudiólogo. Assim, quando completei 16 anos, comecei a trabalhar numa loja de departamentos, a fim de juntar dinheiro para comprar um carro* e pagar um curso de voz. Quando havia guardado 200 dólares, contei meu plano para papai e, uma noite, ele comentou que havia visto um anúncio de um Ford usado para vender. Sugeriu que fôssemos ver o carro, e fiquei encantada com seu interesse. Em se tratando de carros, nós nos entendíamos bem.

O carro não era espetacular, mas papai disse que o motor era bom e depois de algumas regulagens no posto podia funcionar bem.

— De que cor você quer pintá-lo? — perguntou.

* Em alguns estados dos Estados Unidos, pode-se tirar carteira de habilitação a partir dos 16 anos. (N. da T.)

— De azul, mas eu não posso pagar.

— Não é seu aniversário na semana que vem? — Não podia acreditar no que ele estava dizendo. Assim, no dia de meu aniversário, meu pai trouxe o carro para casa, funcionando perfeitamente e pintado no meu tom predileto de azul. Minha mãe ficou olhando pela janela enquanto abracei papai com força e saímos juntos para dar uma volta.

Quando finalmente voltamos para casa, mamãe me encarou com ódio e disse: "Eu não tive um carro quando era adolescente. Por que *você* tem de ter? Você se acha muito especial, não é?". Passei por ela em silêncio, entrei no quarto e bati a porta. Ainda pude ouvi-la gritando: "E o que faz você pensar que vai fazer aulas de canto? Eu não tive isso, e você também não vai ter".

Apesar de sua oposição, comecei a fazer aulas de canto. Mesmo com a ajuda de um profissional, descobri logo que seria preciso muito trabalho árduo para superar meus problemas de fala. A tensão em minha garganta era tão grande que gastávamos boa parte do tempo destravando os maxilares e abrindo a garganta. Eu falava rápido demais e precisava passar horas fazendo exercícios entediantes para desacelerar o ritmo e articular as palavras de forma inteligível. Terminava quase todas as sessões com lágrimas de frustração.

Pude ver, finalmente, os frutos de meu trabalho quando consegui o papel principal na peça da escola e tornei-me tesoureira do grêmio estudantil. Enquanto papai ficou feliz por mim, mamãe ficou com raiva. Continuou a me lembrar que, a despeito de minhas realizações, eu não passava de uma vadia. "Você nunca vai ser ninguém, sua...", ela repetia quando eu saía para as aulas de canto.

A parte seguinte de meu plano era juntar dinheiro suficiente para fazer uma faculdade. Quando terminei a faculdade, nos mudamos para um apartamento pequeno perto de Knott's Berry Farm, um parque temático na região noroeste do estado da Califórnia, onde eu e papai encontramos um emprego. O posto de gasolina não estava rendendo e papai decidiu tentar trabalhar como funcionário.

Num de meus dias de folga, acordei cedo e decidi arrumar o quarto minúsculo que minha irmã de seis anos e eu dividíamos. Não podia mais suportar a bagunça. Todas as gavetas do lado dela do armário estavam sujas e cheias de coisas que deveriam ter sido jogadas fora havia muito tempo. Suzy ajudou-me por algum tempo e depois saiu para brincar. Minha mãe entrou no quarto quando eu estava fazendo os retoques finais. Havia acabado de acordar, e seus olhos estavam inchados e ardendo de raiva quando perguntou:

— O que você pensa que está fazendo?

— Acabei de limpar o quarto — respondi com satisfação.

Seus olhos azuis quase me perfuraram.

— Eu lhe falei que se quisesse a casa limpa eu mesma cuidaria disso. Essa casa não é sua, ela é minha.

Então foi até o armário e arrancou de dentro dele todos os livros e brinquedos que eu havia organizado com todo cuidado e os jogou no chão. Enquanto ela puxava tudo de cima das prateleiras e depois começava a esvaziar as gavetas, alguma coisa dentro de mim chegou ao limite. Aquilo era demais! Comecei a gritar — gritos histéricos, sem nenhuma articulação, que simplesmente saíam do mais profundo de meu ser e escapavam pela boca aberta.

Então me atirei contra ela e tentei fazê-la parar. Mais que depressa, sua mão me acertou com força no ouvido, do lado do rosto e parte do olho. O golpe deixou-me estonteada e, antes que pudesse pensar no que estava fazendo, acertei-a no rosto com todas as minhas forças, da mesma forma que ela havia batido em mim.

Ela ficou estarrecida, e eu também. Não podia acreditar no que havia acabado de fazer. Meu medo de ser esfaqueada no meio da noite tornou-se mais intenso. Não esperei a reação. Saí correndo do quarto, peguei minha bolsa e fui embora.

Comecei a chorar dentro do carro, mas me obriguei a parar. "Ela não merece as suas lágrimas", disse em voz alta. "Não passa de uma bruxa velha e detestável. Logo eu vou embora daqui e nunca mais vou ter de olhar para ela."

DEPOIS DE ALGUNS SEMESTRES em várias faculdades diferentes, acabei cursando música na Universidade da Califórnia em Los Angeles. Era um alívio estar longe de casa e num ambiente relativamente normal. Mas não foi fácil lidar com os novos desafios. Experimentava crises freqüentes de depressão decorrentes de minhas necessidades emocionais intensas e procurava preencher essas necessidades com os relacionamentos com homens. Envolvia-me facilmente, mas tinha medo de assumir um compromisso, de modo que nunca me aproximava muito de ninguém.

Os homens casados eram particularmente atraentes. Envolvi-me com um professor da universidade. Sentia-me muito infeliz, mas, ao mesmo tempo, gostava daquela situação em que eu estava no comando. Como ele era casado, nos encontrávamos sempre em segredo, e eu podia decidir quando e como. Fazia bem para meu ego pensar que alguém tão inteligente e respeitado me considerava atraente. Mas, ao mesmo tempo, o sigilo e a culpa eram pesados demais. Fiquei feliz quando chegaram as férias e voltei a trabalhar em Knott's Berry Farm.

Dessa vez, consegui um emprego como atriz e cantora num melodrama no Birdcage Theater. Eu era a heroína, e o ator que fazia o papel do herói era um comediante bonito e talentoso chamado

Steve Martin. Era um rapaz inteligente e sensível, e o que começou como uma amizade em que compartilhávamos poesia, filosofia, pensamentos e sonhos transformou-se em meu primeiro romance verdadeiro. Com Steve, eu me senti bela, feminina e desejável pela primeira vez na vida. No entanto, nosso destino não incluía um casamento. Assim, depois de passarmos algum tempo juntos, não nos separamos com tristeza, mas apenas tomamos rumos diferentes. Esse foi o único relacionamento dos primeiros trinta anos de minha vida do qual não me arrependi nem guardei más lembranças.

No próximo ano da faculdade, comecei a sair com Scott Lansdale. Quando ele me convidou para passar o Natal com ele e sua família na Costa Leste, aceitei mais que depressa. Qualquer pretexto para não ficar perto de minha mãe, especialmente nessa época do ano, era bem-vindo.

A família Lansdale tinha dinheiro e sua casa era exatamente o oposto da minha. Era grande, espaçosa, linda e limpa. Até as janelas que se abriam para o jardim bem cuidado eram impecáveis. Os pais de Scott eram normais, e eu gostava muito deles. Scott dizia brincando que eu gostava mais dos pais dele do que dele. Na verdade era isso mesmo. Faria qualquer coisa para trocar de mãe com ele.

A sra. Lansdale era uma mulher dócil e sensível; toda manhã levantava-se cedo para preparar o café. Tratava-me como se eu tivesse valor, e era difícil não contrastá-la com minha mãe. Nós nos tornamos amigas rapidamente, mas nunca íntimas o suficiente para eu lhe contar sobre meu passado. Tinha vergonha de dizer que havia passado parte da infância trancada num armário ou que escutava minha mãe vagando pela casa durante a noite, respondendo a vozes que só ela ouvia. E se eu revelasse isso à sra. Lansdale e ela me rejeitasse? Pelo meu raciocínio, se um de seus pais rejeita você, outras pessoas podem fazer o mesmo.

Certa noite, depois de uma grande festa na casa da família Lansdale, quando todos os convidados haviam ido embora e o sr. e a sra. Lansdale já estavam dormindo, Scott e eu ficamos no salão de festas luxuoso, tomando drinques na frente da lareira. Em meu desespero por afeto, descuidei-me e, mais tarde, arrependi-me amargamente daquela noite.

Algumas semanas depois de voltar para Los Angeles, fiquei sabendo por meu pai que mamãe havia piorado. Ele havia consultado um médico, e o diagnóstico da doença mental de mamãe incluía vários termos técnicos, dos quais eu só entendi "esquizofrenia" e "paranóia". Confirmou-se, portanto, que o comportamento dela não era motivado apenas por uma índole maldosa e rancorosa. Era evidente que havia algo de errado com ela, algo que tinha nome.

Naquele tempo, as doenças mentais não eram um assunto discutido abertamente nem inspiravam compaixão. Antes, refletiam sobre os outros membros da família, como se sua sanidade também devesse ser investigada. Assim, papai e eu comunicamos o diagnóstico para o menor número possível de pessoas, e tia Delores concordou em ajudar papai a internar mamãe.

— Você vai precisar estar aqui também — tia Delores disse ao me telefonar de Omaha. — Ela precisa saber que todos nós concordamos que será o melhor para ela. Os médicos disseram que, se ela puder ser convencida a se internar espontaneamente, já será meio caminho andado. Os pacientes que vão para o hospital pela própria vontade têm um prognóstico bem melhor do que aqueles que são levados à força.

— Mas, tia Delores — tentei avisar — ela nunca vai concordar. Tenho certeza de que ela não irá espontaneamente, tampouco deixará que vocês a levem.

Todos, exceto eu, tinham esperança de que ela reagiria de forma positiva. No entanto, eu conhecia a natureza perversa de minha mãe muito melhor do que qualquer outra pessoa e estava certa de que aquela abordagem não teria um final feliz.

Marcamos a data para uma semana depois, quando eu me encontraria com tia Delores e papai na casa de meus pais. Providenciamos para que minha irmã menor não estivesse em casa naquela noite. Papai, Delores e eu apresentaríamos o plano para mamãe. Ela concordaria e nos acompanharia calmamente até o hospital psiquiátrico.

"Eles estão sonhando", pensei comigo mesma. "Não sabem com quem estão lidando. Mamãe está convicta de que ela está certa e o resto do mundo está errado, de que é inocente e todos os outros são culpados, de que é normal e todos os outros são loucos. Não vai reconhecer nunca que há algo de errado com ela."

Enquanto esperava o dia fatídico chegar, tentava me preparar para as provas finais da faculdade, mas estava passando tão mal que não conseguia comer nem dormir, quanto mais estudar. Desde as festas do final de ano, havia começado a me sentir cada vez pior. A princípio, pensei que fosse uma gripe, mas quando os sintomas não passaram, consultei um médio e, para meu desespero, descobri que estava grávida. A notícia deixou-me arrasada. Saí do consultório e, sem saber muito bem o que estava fazendo, entrei numa igreja pequena que ficava logo ao lado do campus. Sentei num dos bancos do templo vazio e tentei avaliar minhas opções. Nenhuma delas era boa.

O casamento estava fora de questão. Claro que eu não teria hesitado em escolher essa opção, mas sabia que Scott não queria mais nada comigo. Ele era um rapaz brilhante, um estudante de direito conhecido no campus e admirado pela família. Jamais jogaria tudo isso para o alto só para consertar um pequeno deslize.

Outra opção era o suicídio. Mas o que seria de minha irmã e de meu pai? Estávamos prestes a internar minha mãe, e se eu fizesse uma coisa dessas, acabaria com eles. No entanto, ter o bebê seria ainda pior. Estava certa de que minha família preferiria que eu morresse.

Para onde podia ir? O que podia fazer? Ajoelhei-me na frente do banco e clamei: "Deus, por favor, me tire dessa enrascada".

Não sei quanto tempo fiquei ajoelhada, chorando e orando. Mas quando finalmente me levantei, não havia ouvido nenhuma resposta de Deus.

Depois desse dia, a náusea tornou-se tão intensa que eu não conseguia mais comer nem dormir. No dia de confrontar mamãe, tia Delores veio para Los Angeles. Eu estava com tanto enjôo que mal podia dirigir, mas, de algum modo, consegui chegar até a casa de meus pais. Ao abrir a porta, tia Delores me cumprimentou e, no mesmo instante, comecei a tremer. Fui até o banheiro para tentar me recompor. Fiquei feliz de ter tia Delores por perto e grata por seu apoio. Se ao menos pudesse lhe dizer a verdade e ir para a casa dela, para o quarto repleto de cores alegres onde eu havia ficado quando era criança. Se ao menos eu pudesse me esconder entre aqueles lençóis limpos e perfumados até o pesadelo passar.

"Deus", clamei. "Não tem saída. Estou perdida."

Saí do banheiro e disse à minha tia.

— Eu não posso ficar. Minhas provas finais são amanhã e não estou me sentindo bem. Não vou agüentar passar por isso. Por favor, me perdoe, tia Delores, mas preciso ir embora. Você pode explicar para o papai?

Minha tia pareceu decepcionada, mas prometeu me telefonar depois e contar o resultado da conversa.

Voltei para meu apartamento no campus da universidade, em Westwood Village, e atirei-me na cama. Estava enjoada e perturbada demais para estudar para as provas. Teria de confiar naquilo que havia estudado ao longo do semestre. "Deus, por favor, me ajude a lembrar de tudo", clamei. Mas por que estava orando? Será que Deus me ouvia? Será que ele existia?

No dia seguinte, tia Delores telefonou logo cedo.

— Está se sentindo melhor? — perguntou.

— Um pouco. Estou saindo para fazer as provas. Como foram as coisas ontem à noite?

— Nada bem. Quando sugerimos à sua mãe que ela fosse para o hospital, ela ficou histérica — minha tia respirou fundo antes de descrever o que havia se passado. — Eu nunca tinha visto sua mãe daquele jeito. Ela gritou conosco e disse que éramos iguais a todos os outros comunistas que estavam tentando pegá-la. Chamou-nos dos nomes mais terríveis; você não vai acreditar nas coisas que ela disse.

— Acredito sim. Ela costumava falar comigo desse jeito o tempo todo.

— Quando tentamos conversar racionalmente, ela gritou: "*Vocês* estão todos loucos, não *eu*! Não há nada de errado comigo". Daí, foi para o quarto, pegou a bolsa e a chave do carro e foi embora antes que pudéssemos detê-la.

— Onde ela está agora?

— Não sabemos. Ela não voltou ontem à noite. O médico explicou para seu pai que ele poderia assinar alguns documentos autorizando a polícia a encontrá-la e interná-la.

Houve um silêncio.

— E o que ele fez? — perguntei, notando sua hesitação em me dizer.

— Ele chorou e disse que não podia fazer aquilo. Ele ainda acredita que, se não interná-la, talvez ela se recupere sozinha.

Na cabeça de papai, eu sabia, os hospitais psiquiátricos eram lugares assustadores, como os dos filmes de terror antigos, e ele acreditava que, se colocasse mamãe num lugar assim, não havia mais esperança para ela. Por mais cruel que ela tivesse sido com ele ao longo dos anos, ele a amava o suficiente para se apegar à esperança de que, um dia, ela se recuperasse sozinha.

— Portanto, a decisão é sua, Stormie — a voz exausta do outro lado da linha declarou. — Você é a única pessoa que pode fazer alguma coisa por sua mãe.

— Eu? — perguntei surpresa. — Você não está falando sério. Não há nada que eu possa fazer por ela. Nós sempre nos odiamos.

— Eu sei — ela suspirou. — Sei que ela foi uma mãe terrível.

Mal podia acreditar no que estava ouvindo. Alguém mais sabia! Aquelas palavras deram-me forças, pois o reconhecimento daquela verdade por outra pessoa me fez sentir que eu não era louca. Ao mesmo tempo, senti a responsabilidade pesar sobre meus ombros. Estava grávida e passando mal, e meu pai e minha irmã precisavam de mim mais do que nunca, agora que minha mãe havia ido embora. Eu não podia sumir por um ano para ter um bebê. Se eu me matasse, destruiria os dois. Só havia uma solução.

7

Escolhas mortais

— OI, STORMIE! Como você está? — perguntou Julie toda animada do outro lado da linha.

— Não tão bem quanto gostaria — respondi. Havia conhecido Julie nas férias passadas enquanto trabalhava em Knott's Berry Farm. — Preciso de sua ajuda. Você se lembra quando me contou sobre o aborto que fez? Eu preciso entrar em contato com o médico.

Prendi a respiração e esperei a resposta. Não sabia a quem recorreria se ela se recusasse a me ajudar. Aborto não era um assunto tratado em público. Na verdade, Julie era a única pessoa que havia falado sobre isso comigo.

— Você sabe que a polícia está indo atrás desse pessoal — ela disse. — O médico que fez meu aborto foi preso.

— Essa não! E agora? Por favor, Julie, preciso muito de sua ajuda. Você tem de encontrar alguém que faça isso para mim.

— Tenho alguns contatos. Vou ver o que consigo arranjar. Agüente firme aí, Stormie. Vou precisar de alguns dias para resolver isso, mas prometo ligar de volta.

Julie levou duas semanas para ligar. Nesse meio-tempo, recebi um telefonema de meu pai dizendo que mamãe finalmente havia voltado para casa. Não era a primeira vez que ela desaparecia, mas nunca havia ficado tanto tempo fora. Como sempre, ninguém perguntou onde ela havia estado e o que havia feito. Também, como das outras vezes, continuaríamos vivendo como se nada tivesse acontecido.

No dia seguinte, Julie telefonou para me dar a notícia.

— Encontrei um médico do outro lado da fronteira com o México, em Tijuana.

— Não me importo onde vai ser. Aliás, não me importo nem se ele é médico. Só quero sair desse desespero. Quanto?

— Seiscentos dólares.

— Seiscentos dólares! Eu não tenho nem cinqüenta! — exclamei. Depois de uma pausa, continuei: — Não se preocupe. Vou conseguir o dinheiro. Diga para ele que vou fazer e que só preciso saber o dia.

Liguei para o Scott e, sem rodeios, lhe pedi o dinheiro. Depois de certa relutância e de me perguntar se eu estava mesmo grávida ou se só precisava de dinheiro, ele acabou cedendo. Fiquei muitíssimo magoada com seus comentários, mas aceitei o dinheiro.

Com os seiscentos dólares no bolso, dirigi até o ponto de encontro combinado num lugar deserto junto à estrada para o México, onde um homem que servia de contato com o médico me esperava. No mesmo local, havia uma mulher e o marido que estavam lá pelo mesmo motivo que eu. Exceto pela tentativa de conversar sobre trivialidades, ninguém falou durante a viagem de uma hora até o outro lado da fronteira. Eu estava com medo, mas decidi que qualquer coisa que me acontecesse seria melhor do que a gravidez e a náusea insuportável.

Não tivemos nenhum problema na fronteira; era evidente que os guardas conheciam o motorista. Chegamos a uma casa de aparência comum num bairro residencial antigo e sujo de Tijuana. Uma mexicana recebeu-nos e, assim que entramos, fechou a porta enquanto o médico vinha nos cumprimentar.

Estava tão nervosa que me ofereci para ir primeiro. Fui conduzida por um corredor longo e escuro que dava para os fundos da casa. Pensei que estivesse indo para um quarto, mas quando entrei no cômodo, parecia a sala de cirurgia de um hospital. Coloquei uma camisola e me deitei na mesa conforme haviam me instruído. Enquanto o anestesista colocava uma agulha em minha veia, o médico me avisou:

— A propósito, se você morrer durante a operação, terei de jogar seu corpo no deserto. Não posso entregá-lo para a polícia. Seria arriscado demais para mim e para os outros. Só queria que você soubesse em que está se metendo.

— Isso acontece com freqüência? — perguntei quase sufocando de medo.

— Não — ele respondeu com naturalidade. — Mas acontece de vez em quando. Não gosto de ter de me livrar do corpo desse jeito, mas não tenho outra escolha.

Tantas vezes ao longo da vida tive vontade de morrer. Mas naquele instante, a idéia de que isso pudesse acontecer me assustava. "Deus, por favor", orei em silêncio, "permita que eu viva, não farei mais nada de errado".

— Dez, nove, oito, sete... — A próxima coisa de que me lembro é estar deitada em outro cômodo com o anestesista me preparando para voltar para casa. Notei no mesmo instante que, pela primeira vez em várias semanas, não estava mais com vontade de vomitar. O pesadelo havia terminado! Não me ocorreu que tinha acabado de destruir uma vida. Sabia apenas que havia escapado da morte. Não senti nenhum remorso, apenas uma grande alegria de estar viva e ter recebido uma segunda chance.

"Obrigada, Deus", orei. "Prometo me comportar e fazer tudo direitinho. Vou dar valor àquilo que tenho, em vez de me queixar daquilo que não tenho. Vou tentar conhecê-lo melhor, Deus, e não vou cometer esse mesmo erro outra vez."

A oração foi simplista, mas sincera. Fiz todas aquelas promessas de coração, mas descobri logo que não tinha forças para cumpri-las. Depois de voltar para a faculdade, não demorei a cair de novo nos mesmos hábitos e padrões de sempre.

Nas férias daquele ano, fui contratada para trabalhar como cantora num conhecido teatro de arena que fazia comédias musicais ao vivo, com diferentes atores convidados a cada semana. Era um trabalho cansativo, pois ensaiávamos uma apresentação durante o dia e fazíamos outra à noite. Por uma questão de economia, voltei a morar com meus pais, mas só dormia em casa.

Depois de voltar, mamãe adotou uma nova política. Tornou-se mais agressiva com papai, e menos comigo. Para ela, papai e tia Delores haviam se tornado seus inimigos. Como eu não estava presente na noite fatídica, não era considerada traidora. A neutralidade de Suzy nunca foi colocada em dúvida por ninguém.

Não era raro ver minha irmã chateada com o comportamento estranho de mamãe. Pelo fato de ter praticamente criado Suzy até os seis anos, consegui protegê-la pelo menos em parte dos problemas mentais de mamãe. No entanto, depois de meu ingresso na faculdade, ela teve de lidar com isso sozinha.

Certa vez, cheguei em casa tarde da noite e encontrei Suzy chorando. — Você está triste por causa da mamãe? — perguntei.

— Sim — ela respondeu aos prantos.

Abracei-a, passei a mão em seu cabelo e disse:

— A mamãe tem um problema sério. Ela está muito doente, mas não quer ir para o hospital. Por isso, nós temos de fazer todo o possível para cuidar dela. Procure não considerar nada do que ela diz um insulto pessoal, porque ela não sabe o que está falando.

Não podia crer que dissera algo tão sensato. Eu desprezava minha mãe. Não sentia absolutamente nenhuma pena dela, mas tinha pena de mim mesma. No entanto, consegui ser convincente, pois Suzy se animou e, a partir daquele dia, pareceu lidar melhor com a situação.

O relacionamento de Suzy com mamãe não deixou tantas marcas quanto o meu. Em meu caso, alguns danos foram irreparáveis. O vazio e a dor que eu sentia tornavam-se mais profundos a cada ano. Meus períodos de depressão pioravam e a ansiedade dentro de mim aumentava. Acordava todas as manhãs com pensamentos suicidas. Para completar, eu também lutava com uma exaustão crônica, pois trabalhava compulsivamente na tentativa inútil de enterrar minhas emoções.

Minha última apresentação naquelas férias foi *Call me madam*, com Ethel Merman. Gostei do *show* e amei trabalhar com Ethel. A idéia de deixar tudo aquilo e voltar para a universidade era deprimente demais. Assim, quando outra cantora me convidou para participar da turnê com o coral de Norman Luboff,* aceitei imediatamente e disse adeus à faculdade.

Passamos nove meses viajando pelos Estados Unidos com Norman Luboff e me vi diante de uma série de problemas inesperados. Viver com trinta pessoas dentro do espaço minúsculo de um ônibus sem nenhuma privacidade significava que tinha de esconder minha depressão e insegurança enorme e manter uma fachada agradável o tempo todo, o que era muito cansativo.

Telefonava para casa uma vez por semana para saber notícias de minha irmã. Uma noite, liguei para lá depois de uma apresentação

* O coral do músico norte-americano Normal Luboff foi reconhecido internacionalmente como um dos melhores das décadas de 1950 a 1970, período em que gravou mais de 75 discos. (N. da T.)

na Geórgia e minha mãe atendeu. Ela estava furiosa com meu novo trabalho no coral: "Graças a essa história de você aparecer em público, eles vão me encontrar e me matar".

Ao que parece, o fato de "eles" já a monitorarem pelo aparelho de televisão e pelas escutas que haviam espalhado pela casa não importava.

"Não se esqueça de que não vale nada", ela continuou com a voz cheia de raiva. "Você pode até cantar num coral famoso, mas continua sendo imprestável".

Se eu sabia que minha mãe era louca, por que estava tremendo quando desliguei o telefone? Tinha consciência de que aquilo que estava dizendo não era verdade, no entanto, ficava arrasada cada vez que ouvia aquelas palavras. Ela ainda tinha o poder de me devastar, como a garotinha que trancava no armário. Quando me pegava num momento de fraqueza, conseguia me lançar num poço de depressão do qual eu demorava semanas para sair. Parte de mim sabia que ela era desequilibrada. A outra acreditava em cada palavra que ela dizia. Por que minha mãe exercia esse poder sobre mim?

Desci até o restaurante do hotel para me encontrar com alguns dos cantores. Estava tão deprimida que mal conseguia falar ou comer, de modo que pedi licença e voltei para o quarto, onde chorei até pegar no sono.

Na manhã seguinte, havia me recomposto o suficiente para descer e tomar o café da manhã. Consegui até fingir um sorriso e contar algumas piadas. Um dos rapazes observou: "Pelo visto, você acordou um tanto maníaca hoje".

Seu comentário foi engraçado, mas me magoou. Qualquer referência a alguma instabilidade mental alimentava meu medo intenso de ficar igual a minha mãe.

Terminei a turnê emocionalmente exausta e abalada. A tentativa de manter as aparências havia acabado comigo e todos aqueles meses de proximidade com outras pessoas só tinham servido para mostrar o quanto eu era estranha em comparação com os outros. Voltei para casa me sentindo uma fracassada e passei várias semanas na cama.

Fui sacudida dessa letargia por um convite para fazer um teste num novo programa de música e variedades que a rede de televisão CBS colocaria no ar em meados de 1966. Fiz de tudo para parecer bonita e competente, mas quando vi a beleza e o talento das outras moças, fiquei tão deprimida que voltei para casa e fui direto para cama outra vez.

Para minha surpresa total, uma semana depois fui chamada para ser uma das quatro cantoras do programa. Minha alegria misturou-se de imediato com o medo. Era evidente que havia me saído bem no teste, mas por quanto tempo conseguiria manter aquela fachada? Minhas crises de ansiedade estavam piorando e surgiam sem nenhum aviso. Quando ocorriam, eu precisava me esconder no banheiro mais próximo enquanto sentia os espasmos percorrerem meu corpo e o choro prestes a irromper com a dor excruciante. Quanto tempo eu conseguiria esconder *aquilo*? Em outras ocasiões, tinha medo de que minha garganta fechasse e perdesse a voz. E se isso acontecesse enquanto estivesse gravando o *show*?

Apesar de todos os meus medos, aceitei o emprego e consegui terminar com sucesso razoável a primeira série de gravações. Depois disso, contratei um agente e recebi várias propostas para cantar, dançar e atuar em diversos programas de televisão e também em comerciais e sessões de gravação de música. Tive a oportunidade de trabalhar com pessoas famosas como Danny Kaye, Jack Benny, Jimmy Durante, George Burns, Dean Martin, Jerry Lewis, Mac

Davis, Stevie Wonder, Ray Charles, Linda Ronstadt, Sonny & Cher e muitos outros. Geralmente, tudo corria bem nos testes, mas quando chegava a hora de me apresentar, era tomada de depressão ou uma crise de ansiedade que me deixava muda, de modo que temia não ser capaz de corresponder às expectativas iniciais.

Certa noite, Jerry, meu agente, me telefonou.

— Por que você recusou o papel naquele filme hoje, Stormie? — perguntou em tom autoritário. — Depois de todos os testes e de todo o meu empenho, você simplesmente deu as costas para a oferta deles. O que está acontecendo?

— Sinto muito, Jerry — disse, tentando encontrar uma explicação. — No último instante, eu simplesmente não consegui.

— Não conseguiu o quê? O papel já era seu. Você só precisava fazer a sua parte.

— Eu sei, Jerry. Sinto muito mesmo.

Depois de um longo silêncio durante o qual quase podia ouvir a cabeça dele funcionando, tentando entender as coisas que eu fazia para sabotar minha própria carreira, ele se despediu e desligou.

Era impossível entender minha luta. Durante anos, havia sonhado com tudo aquilo que estava fazendo. Mas os trabalhos de modelo, os comerciais, os programas de televisão e as filmagens não bastavam para me convencer de que eu era atraente ou talentosa. Coisas glamorosas e maravilhosas podiam acontecer comigo, mas eu ainda me sentia feia e inaceitável. Passadas algumas horas depois do êxtase de ter atingido mais um alvo, sentia-me pior do que antes, pois pensava: "Se isso não me faz feliz, o que fará?".

Apesar dos fracassos do passado, eu continuava procurando o relacionamento perfeito. Considerava a aparência muito importante, de modo que só escolhia homens que pareciam sofisticados, cultos e educados. Gostava de fazer parte de um estilo de vida oposto àquele de minha infância e adolescência. Tommy encaixou-se perfeitamente em meu ideal.

Éramos muitíssimo diferentes. Eu estava à procura de alguém que suprisse todas as minhas necessidades, que me amasse incondicionalmente, que estivesse sempre perto de mim e oferecesse conforto emocional. Tommy, no entanto, só queria se divertir, e qualquer sugestão de compromisso ou casamento o fazia fugir. Sabia que ele não servia para mim, mas sua aparência atraente e seu estilo de vida extravagante alimentavam minha ilusão de que ele poderia suprir minha carência de amor e segurança.

O resultado disso tudo foi que acabei na mesma situação em que, dois anos antes, havia prometido para Deus que nunca mais me meteria. Também nessa gravidez, não tinha para onde ir nem alguém que me quisesse naquele estado. Dessa vez, porém, minha maior preocupação era com minha carreira. Engravidar não ajudava em nada em minha profissão e, sem o trabalho, eu simplesmente deixaria de existir. Para complicar ainda mais, tinha uma turnê na Europa, África e América do Sul agendada para os próximos três meses com um grupo musical conhecido. A viagem estava marcada para a semana seguinte, de modo que precisava tomar uma providência de imediato.

Na segunda gravidez, as náuseas foram ainda piores do que na primeira. Não consegui encontrar o médico que havia feito o primeiro aborto, mas, seguindo a recomendação de uma pessoa de confiança, fui até Las Vegas tentar fazer contato com certo médico de lá. Entrei em seu consultório e implorei para que ele fizesse a cirurgia. Ele me olhou com ar de suspeita, pois eu não trabalhava em Las Vegas, e pediu que eu fizesse um exame para ele ter certeza de que estava grávida.

— Quanto tempo demora para sair o resultado? — perguntei.

— Dois ou três dias — ele respondeu.

— Não posso esperar tanto. Estou saindo para uma turnê de três meses daqui a dois dias. Preciso que a cirurgia seja feita já.

— Você está tentando me incriminar, não é?

— Como assim? — perguntei, sabendo que ele suspeitava que eu estivesse trabalhando para a polícia.

Ele pensou por alguns instantes e depois disse:

— Não posso fazer.

— Por favor — supliquei. — Se não quer fazer, me mande para outra pessoa. Estou desesperada e tenho dinheiro.

Ele permaneceu inflexível e saiu da sala.

Naquela mesma tarde, recebi um telefone no quarto do hotel. A voz do outro lado da linha perguntou:

— Você precisa de um médico?

— Sim. Você pode me ajudar?

— Tenho um médico que pode realizar a cirurgia. Vai custar mil e duzentos dólares.

— Tenho o dinheiro. Quando?

— Passo para pegar você às três da tarde.

De repente, fiquei com medo.

— Ele é médico mesmo, não é? — indaguei. — Ele vai me fazer dormir e não vou sentir nenhuma dor?

— Claro — ele respondeu sem convicção e desligou.

Às três da tarde, um homem baixo, gordo e careca bateu à minha porta. Estava nervoso e limpava a testa suada repetidamente com um lenço branco encardido. Usando o carro dele fomos até um hotel barato no centro da cidade. Entramos pela porta dos fundos e pegamos o elevador até o segundo andar. Ele tinha uma chave que usou para abrir a porta do quarto. Até então, eu havia imaginado que a cirurgia seria tranqüila, como havia sido da outra vez, mas ao ver aquele quarto imundo de hotel, percebi que estava redondamente enganada.

— Onde está o médico? — perguntei em pânico. — Onde está o anestesista e o equipamento?

— Shh! Fale baixo. Ninguém pode ouvir você — ele respondeu, irritado. — O médico vai entrar assim que você estiver pronta. Deixe-me ver o dinheiro.

Entreguei o dinheiro para ele.

— Tire todas as roupas da cintura para baixo e deite-se de costas em cima daquela cômoda.

— Você está brincando! Onde está o médico? Eu quero vê-lo primeiro.

— Você vai fazer a operação ou não? — ele perguntou com aspereza.

Sem ver alternativa, fiz o que ele mandou. Quando já estava deitada, ele colocou uma venda em meus olhos e me amordaçou.

— Você não pode ver o médico nem pode fazer nenhum ruído — ele explicou. — Hoje em dia essas operações são extremamente perigosas. A polícia está pegando todo mundo. Não podemos te dar anestesia porque, se acontecer alguma coisa, precisamos sumir daqui depressa. É melhor assim, pode ter certeza.

Com o coração disparado e entorpecida de medo, não reagi quando ele me amarrou à cômoda. Sem anestesia? Eu não conhecia aquele homem. Ele podia pegar meu dinheiro e me deixar ali amarrada. Então, ouvi a porta abrir-se lentamente e outra pessoa entrar no quarto. Os dois sussurraram por alguns instantes e percebi que a outra pessoa era um homem. Em seguida, ouvi o barulho dos instrumentos cirúrgicos. E o pesadelo começou.

O primeiro homem colocou-se sobre a parte superior do meu corpo enquanto o "médico" iniciou o aborto, raspando e cortando.

Comecei a sufocar e quase vomitei ao sentir a dor mais dilacerante de toda a minha vida. Pareceu durar uma eternidade. Meus gemidos eram tão altos que o homem colocou todo o seu peso sobre meu peito e meu rosto para abafar os sons. Pensei que ia morrer asfixiada. Por fim, senti um corte penetrante por dentro, como se o bebê tivesse sido separado da parede uterina. Nunca teria imaginado uma dor tão intensa. Alguns segundos depois, a cirurgia terminou, e o médico saiu do quarto imediatamente.

O homem desamarrou-me, tirou a venda e a mordaça e, no mesmo instante, o telefone tocou. Ele atendeu, mas em meio ao choque e à dor não ouvi o que ele disse. Desci da cômoda e me arrastei até a cama para pegar minhas roupas. Meu corpo se contorcia de náuseas, soluços e dor.

O homem desligou o telefone, virou-se para mim e disse irritado:

— Limpe essa bagunça. A polícia está lá embaixo, e o hotel está cheio de agentes do FBI.

Assim que ele disse isso, vomitei sobre a cama e as minhas roupas. Olhei para minhas pernas e vi que estavam cobertas de sangue e vômito. Enojado, o homem correu para limpar a sujeira ao redor da cômoda. Aquilo que havia sido retirado aos pedaços de dentro de meu corpo estava jogado sobre toalhas de papel no chão, e ele precisava destruir todas as provas que pudessem incriminá-lo.

— Termine de se limpar e jogue tudo no vaso sanitário — ele me instruiu enquanto corria para fora do quarto.

Por mais que estivesse me sentindo mal, também não queria ser encontrada naquele estado, de modo que juntei todas as toalhas de papel sujas de sangue e segui as instruções do homem. Usando as toalhas do banheiro, limpei o sangue e o vômito de minhas pernas, da cama, da cômoda e do chão. Limpei minhas roupas o melhor que pude e vesti-as rapidamente. Lágrimas misturadas com rímel e vômito corriam por meu rosto e não conseguia parar de chorar e soluçar.

O homem voltou com uma expressão de alívio.

— Houve um seqüestro no andar de baixo. Não tinha nada a ver conosco. Eu vou terminar de limpar aqui; vá dar um jeito no seu rosto e no cabelo.

Alguns minutos depois, ele me levou de volta para o hotel.

Ao contrário do primeiro aborto, depois do qual me senti aliviada por estar com vida, dessa vez fui tomada de depressão, frustração e repugnância ao lembrar daquela tarde abominável.

Dois dias depois, embarquei no avião para a Costa Leste a fim de começar a turnê. A hemorragia continuou por várias semanas até que, por fim, tive de ser internada e fazer uma cirurgia para estancá-la. Mas a dor da lembrança nunca passou. Toda vez que eu via um bebê, ela voltava mais forte. Eu me lamentava e sentia um vazio diferente de tudo o que havia experimentado. Depois daquele dia, nunca mais fui a mesma. Comecei a jornada ao fundo do abismo.

Será que um dia aquele desespero teria fim ou estava condenada a uma existência de sofrimento enquanto vivesse? Onde poderia encontrar as respostas? Quem poderia me ajudar?

8

Minha mãe e a insanidade

— E FOI ASSIM, dr. Foreman, que comecei a buscar refúgio no trabalho. É a única coisa com a qual posso contar, mesmo que nem sempre consiga me sair bem em tudo o que faço. Pensei que o casamento com Rick me oferecesse alguma segurança, mas agora estou sofrendo mais do que nunca.

Olhei para o senhor bondoso que, nos últimos meses, tinha ouvido atentamente enquanto eu contava minha história. Ele me ajudou a entender muito daquilo que havia acontecido e comecei a entender a origem de meus medos e como eles me controlavam. Era um grande alívio poder conversar com ele, pois não importava o que eu lhe dissesse, ele nunca me fazia sentir como se eu fosse louca.

No entanto, não conseguíamos entender a origem do ódio de minha mãe e o motivo pelo qual ela havia me tratado com tanta agressividade. Por certo ela era doente, mas a presença de distúrbios mentais não implicava, necessariamente, crueldade e violência. Agora que havia relatado minha história, sentia um desejo intenso de descobrir mais sobre minha mãe.

Contei ao dr. Foreman minha idéia de voltar a Nebraska e conversar com a família de minha mãe para tentar descobrir como ela havia ficado daquele jeito, e ele gostou da idéia. Rick não se importava com o que eu fazia, pois não restava nada entre nós a não ser indiferença da parte dele e ressentimento da minha. Minha ausência foi um alívio para nós dois.

Fui para Nebraska e conversei com o pai de minha mãe, com suas duas irmãs, Jean e Delores, e com outros parentes. Foi difícil juntar todos os pedaços, pois todos se lembravam do passado de uma forma um pouco diferente. Alguém me disse que sete membros de uma família podem relatar a mesma história de sete formas diferentes e, em meu caso, foi exatamente isso que aconteceu. No entanto, *todos* choraram quando falaram de minha mãe e do passado. A tragédia da vida dela não podia ser ignorada.

Não contei a ninguém o motivo de estar lá. Como poderia fazêlos sofrer ainda mais dizendo que mamãe havia abusado de mim e, agora, eu estava tentando encontrar meu rumo? Como poderia dizer que minha vida estava se desintegrando e que um psiquiatra estava me ajudando a reconstruí-la? Na cabeça de algumas pessoas, "psiquiatra" e "insanidade" eram duas palavras intimamente ligadas. Eu sabia que não estava louca, mas tinha sérias dúvidas se, algum dia, seria uma pessoa normal. Minha única esperança era aprender a lidar com tudo isso. Não teria ajudado em nada revelar meus problemas à família, de modo que decidi não deixar que ninguém descobrisse a verdade.

Depois de uma semana conversando com várias pessoas, consegui formar um retrato mais ou menos coeso da vida de minha mãe. Apesar de ter ficado claro que ela não havia sofrido abuso na infância, sem dúvida havia sido marcada por traumas. Virginia Faith Campbell era a segunda de três irmãs. Seu lugar na família era típico dos filhos do meio — perdido entre um extremo e outro. Ela era bonita e amada, mas também era obstinada e preguiçosa. Sua personalidade radiante causava boa impressão em encontros sociais, mas nos relacionamentos pessoais com certos membros da família, ela se mostrava cruel e fria. Durante a Depressão, as pessoas estavam preocupadas com a própria sobrevivência, não com o equilíbrio emocional de um membro da família, de modo que seus traços de caráter indesejáveis e seu temperamento genioso nunca foram confrontados.

Aos onze anos, Virginia teve uma discussão desagradável com sua mãe que, na época, estava grávida de nove meses. Ao que parece, a mãe a repreendeu verbalmente por algo que ela havia feito. Virginia insistiu que estava sendo acusada injustamente, bateu o pé e retrucou, dizendo: "Você está errada! Não fui eu!". Foi para o quarto, onde desejou silenciosamente que sua mãe morresse. Poucas horas depois, a mãe entrou em trabalho de parto e ela e o bebê morreram no hospital. Como acontece com freqüência na infância, Virginia sentiu-se responsável pelo ocorrido e convenceu-se de que a morte da mãe havia sido, ao mesmo tempo, um castigo para ela e um ato de rejeição. A culpa desenfreada e a tristeza insuportável causaram danos emocionais profundos, dos quais ela nunca se recuperou.

A perda abalou o pai de Virginia, a ponto de ele não conseguir cuidar das três filhas. As meninas foram separadas e levadas para a casa de parentes e amigos, criando uma situação em que Virginia se sentiu isolada e sozinha. Tudo isso aconteceu durante a Depressão, quando ter uma criança a mais para alimentar e vestir nem sempre era considerado uma bênção. Para Virginia, as famílias que cuidaram dela favoreciam os filhos naturais quanto às necessidades emocionais e físicas. Quer isso tenha ocorrido de fato, quer não, era assim que ela via as pessoas ao redor, e a suposta injustiça a encheu de raiva e amargura.

Ela se apegou a uma família cujas filhas eram atraentes e tinham qualidades que ela desejava para si. Virginia tentava imitá-las e esforçava-se ao máximo para que todos ao redor gostassem dela. Mas, quando ela estava começando a se afeiçoar aos membros daquela família, o pai cometeu suicídio. Ninguém sabia o que o havia levado a fazer isso. Porém, mais uma vez, Virginia imaginou que a culpa era dela. "Sou responsável por todas as mortes em minha família", ela me disse certa vez em tom muito sério. Foi só depois de minha visita a Nebraska que entendi por que ela pensava dessa forma.

Aos poucos, tornou-se cada vez mais difícil para Virginia lidar com o mundo real. Ela acreditava ser responsável pela morte de duas pessoas extremamente importantes em sua vida e, por ainda não ter idade suficiente para compreender ou articular seus sentimentos, a rejeição criou raízes profundas. Uma vez que todos ao redor precisavam lidar com seus próprios problemas sérios, não havia ninguém para ajudá-la. Assim, ela criou para si um mundo que ela podia entender, com o qual era capaz de lidar e do qual ela era o centro. Em sua criação, ela nunca fazia nada errado, mas era perseguida injustamente. Incapaz de enfrentar a culpa que sentia diariamente, em seu próprio mundo, ela era inculpável.

No final da adolescência, Virginia contraiu escarlatina e quase morreu. Alguns membros da família observaram que ela nunca mais foi a mesma depois daquela doença. Sua instabilidade emocional tornou-se mais aparente e sua personalidade, antes inconstante, passou a apresentar variações irracionais. Ela tentou desesperadamente sair da cidadezinha onde vivia e fazer uma faculdade ou estudar música, mas além de não ter dinheiro, seu pai se opôs veementemente. Essa frustração só fez crescer sua amargura e insegurança.

Quando criança, minha mãe havia sido trancada no armário algumas vezes por seu pai como forma de disciplina por pequenas infrações. Apesar de os castigos terem sido raros e de curta duração, ela havia ficado extremamente indignada e expressado sua revolta diante dessa punição. Tinha ciúmes de suas duas irmãs e havia comentado comigo inúmeras vezes como, a seu ver, elas sempre haviam recebido tratamento preferencial. Assim, ela se mostrava especialmente cruel com a irmã mais nova, Jean, e também a deixou de castigo no armário algumas vezes, mas por pouco tempo.

Depois de ouvir essas histórias, a pena começou a tomar o lugar do ódio que sentia por minha mãe. Ela não era digna de ódio, mas de compaixão. Havia sido prisioneira de seu ambiente e das circunstâncias de sua vida. Uma pessoa mais forte teria superado as dificuldades, mas ela sobreviveu como pôde e a forma como me maltratou fazia parte dessa sobrevivência.

Isso não justificou suas ações, mas tornou-as compreensíveis. Ela me trancava no armário para tentar lidar com a vida e simplesmente me esquecia lá dentro. Tinha raiva de sua mãe por ela ter morrido, de seu pai por não tê-la ajudado quando ela mais precisava, do homem que havia se suicidado, de suas irmãs que, a seu ver, haviam sido favorecidas em detrimento dela e, por fim, de Deus pelas circunstâncias de sua vida. Guardava dentro de si um furor reprimido que havia extravasado primeiro sobre sua irmã mais nova, Jean e, depois, sobre meu pai.

Várias pessoas perceberam que minha mãe era mentalmente instável, mas poucos conheciam a seriedade do problema, pois havia ocasiões em que ela conseguia parecer normal. Até aqueles que estavam cientes de seu comportamento estranho não reconheceram a gravidade de sua doença. Por simples curiosidade, perguntei a algumas pessoas quando elas perceberam que minha mãe era diferente. Recebi várias respostas.

— No final da adolescência — disse a irmã dela mais nova, Jean — logo depois da escarlatina.

— Ela sempre foi emocionalmente frágil — respondeu a irmã mais velha, Delores.

— Logo depois que ela se casou — responderam outros.

— Ela sempre foi fisicamente frágil — disse o pai dela — e sua personalidade sempre foi difícil. É difícil acreditar que sua mente tenha se deteriorado tanto... — e ele não conseguiu terminar.

Na noite anterior à minha volta para casa, passei algum tempo deitada na cama, pensando sobre tudo o que havia ouvido. Lembrei-me de uma ocasião rara em que havia tido uma conversa com meu pai certa manhã, antes de mamãe acordar.

— Quando você percebeu que havia algo de errado com a mamãe? — perguntei sem rodeios.

— Na lua-de-mel — ele respondeu. — Ela pensou que havia alguém nos seguindo e se recusou a ficar no hotel onde eu havia feito reserva. Fomos para quatro lugares até ela se sentir segura o suficiente para se hospedar num deles. Eu sabia que não tinha ninguém nos seguindo e não entendi por que ela estava com tanto medo.

Fiquei estarrecida ao descobrir que ele sabia disso desde o dia em que se casaram. Questionei silenciosamente a sanidade dele e, ao mesmo tempo, me admirei de ele ter agüentado tanto tempo. Ele devia amá-la um bocado para conviver com ela apesar de tudo.

Ao apagar a luz e me ajeitar para dormir, senti uma inquietação profunda. Ninguém tinha uma resposta definida para o que havia acontecido com minha mãe. Será que ela havia nascido com um desequilíbrio químico? Os traumas eram resultantes das perdas na infância? Ela nunca teve de prestar contas de seus atos e, portanto, acreditava que não devia explicações a ninguém? Seu cérebro sofreu alguma lesão durante a febre alta da escarlatina? Ela apresentou sinais de desequilíbrio mental no início da adolescência, mas ninguém os reconheceu? Será que era uma combinação de todos esses fatores? Como todos os outros membros da família, eu não tinha a resposta para essas perguntas.

Depois de ouvir a história daquelas pessoas, senti que conhecia melhor minha mãe. E, no entanto, aquela grande quantidade de informações tornou minha própria dor ainda mais intensa. Pensei que saber da verdade faria alguma diferença, mas não ajudou.

"O que eu devo fazer com todas essas informações?", pensei enquanto tentava inutilmente pegar no sono. "Entendo por que a mamãe é desse jeito e tenho pena dela, mas isso não muda meus sentimentos. Continuo sofrendo. Continuo me sentindo prisioneira do passado. Entendo tudo, mas não entendo nada."

A pouca esperança que havia se formado nos últimos meses desapareceu enquanto eu chorava e perguntava para as paredes: "O que devo fazer agora?".

9

Quem você conhece?

VOLTEI DE NEBRASKA me sentindo mais infeliz do que antes. Rick não havia movido um dedo para manter a casa arrumada durante minha ausência e tudo estava de pernas para o ar. Olhei para a casa, olhei para minha vida e descobri que não podia mais lidar com nenhuma das duas.

Estava me aprontando para dormir quando vi meu reflexo no espelho do banheiro. Parecia velha. Minha pele estava amarelada, meu cabelo, seco e ralo. Os fios grisalhos haviam se multiplicado nos últimos anos a cada novo trauma. Minha mente também estava envelhecida. Não havia cores alegres em minha vida. Meus olhos estavam sem brilho e sem vida, cercados de olheiras que eu não conseguia mais esconder com maquiagem. Tinha 28 anos, mas parecia ter mais de 40. Minha saúde estava se deteriorando, e a dieta saudável e os exercícios físicos não estavam mais adiantando. Estava sofrendo de sinusite e de uma náusea fraca porém constante. Sentia-me rejeitada, indesejável, feia e mais isolada do que nunca. Meu vazio não tinha limites e só conseguia ver desespero em minha vida. Todos os meus métodos de sobrevivência haviam falhado. A nova temporada do Glen Campbell Show começaria em algumas semanas, mas eu sabia que daquela vez não conseguiria trabalhar.

"Deus", supliquei "não quero viver mais. As coisas nunca melhoram, e a vida não tem sentido. Por favor, me deixe morrer".

O suicídio era a resposta. Só que, dessa vez, seria para valer. Sabia a diferença entre um remédio para dormir e uma aspirina e não cometeria o mesmo erro. Seria rápido e fácil. Eu providenciaria para que meu pai e Suzy ficassem com todo o meu dinheiro e para que a morte parecesse uma overdose acidental de drogas e álcool. Ficaria livre da angústia e não causaria dor a ninguém. Planejei uma forma de conseguir remédio suficiente. Estava morrendo aos poucos todos os dias de qualquer forma, então por que não dar um basta naquela tortura?

Na noite seguinte, minha amiga cristã, Terry, telefonou-me e convidou-me para participar de uma gravação como *backing vocal*. Durante um intervalo, ela se virou para mim e disse de repente:

— Stormie, você está péssima. Por que não vem comigo e conversa com meu pastor? Ele é uma excelente pessoa e sei que pode ajudá-la.

Hesitei.

— O que tem a perder? Passo para pegar você e vamos nos encontrar com ele juntas, certo?

— Certo — respondi, reconhecendo que, de fato, não tinha nada a perder.

Dois dias depois, Terry veio me buscar e me levou até um restaurante onde nos encontramos com o pastor Jack Hayford, de uma igreja em Van Nuys. Era um homem cordial e animado, que não tinha medo de olhar ninguém nos olhos e era cheio de uma segurança que teria sido intimidante se não fosse acompanhada de um coração claramente compassivo e amoroso. Apesar de ser, talvez, uns dez anos mais velho do que eu, tudo nele transmitia jovialidade. Procurei com atenção algum sinal de falsidade, interesses escusos, discrepâncias ou manipulações, mas não encontrei nada disso. Ele era diferente de todas as pessoas que havia conhecido até então.

O pastor Jack, como Terry o chamava, ouviu-me atentamente enquanto eu relatava de forma sucinta minha depressão e meu medo. Mesmo nessa hora de desespero, ainda estava tentando manter as aparências. Não queria que soubessem como eu sofria constantemente de náuseas e estava lutando com uma infecção que não passava com nenhum tratamento. Para mim, qualquer reconhecimento de fracasso era um sinal de fraqueza. Também não queria, de maneira nenhuma, que soubessem detalhes sobre minha infância e minha mãe.

O pastor dirigiu a conversa para Deus de uma forma tão natural que era como se ele estivesse falando de seu melhor amigo. Fez Deus parecer uma pessoa real e palpável, alguém que se preocupava comigo.

— O que você sabe sobre Jesus? — ele perguntou.

— Alguma coisa — respondi, me lembrando de minha experiência passada com a igreja. — Sei que ele nasceu numa estrebaria e que foi morto de forma cruel numa cruz sem nenhum motivo. Supostamente, era um homem bom. Não sei nada além disso.

— Você já ouviu a expressão "nascer de novo"?

Olhei para ele sem entender muito bem.

— Jesus se revelou como Filho de Deus e disse que, se não nascermos de novo, não poderemos ver o reino de Deus: "É a vontade do meu Pai que todo aquele que veja o Filho dele e creia nele, tenha a vida eterna". Ver o Filho significa aceitá-lo como salvador e, assim, nascer de novo no reino de Deus. Não é nascimento físico, mas sim espiritual. É a oportunidade de garantir não apenas seu futuro eterno, mas também seu futuro nesta vida. Você pode começar a vida de novo e seu passado será perdoado e enterrado.

Fiquei fascinada ao ouvi-lo falar sobre como o Espírito Santo entraria em minha vida e transformaria minhas circunstâncias. Algo dentro de mim vibrou diante dessa possibilidade.

— É algo que acontece no âmbito espiritual, mas que também afeta sua vida física de maneiras práticas.

Em vez de me perguntar se eu queria aceitar a Jesus, o pastor Jack falou sobre ele como quem conta histórias de um pai querido. Foi diferente das muitas vezes em que pessoas tinham me abordado na rua, empurrando um papel para cima de mim e falando asperamente sobre arrependimento, pecado e salvação. Aquelas pessoas pareciam considerar-se superiores aos que não eram iguais a elas e, por isso, eu não queria nada com aquele tipo de vida. Mas o que o pastor estava dizendo era outra história.

Duas horas passaram voando e, quando estávamos para sair, o pastor Jack me perguntou:

— Você gosta de ler?

— Eu adoro ler! — respondi ansiosamente.

— Se eu lhe der alguns livros, pode lê-los durante esta semana?

— Claro.

Terry e eu o seguimos até seu escritório na igreja, onde ele escolheu cuidadosamente três livros dentre os muitos outros que abarrotavam suas prateleiras. Ele os entregou a mim e disse:

— Vamos nos encontrar de novo no restaurante em exatamente uma semana. Quero saber o que você achou da leitura.

— Combinado — respondi com entusiasmo. Com minha tarefa de casa em mãos, tinha um objetivo para aquela semana.

A conversa com o pastor Jack e com Terry havia sido um oásis no meio de minha opressão contínua, mas chegou ao fim quando voltei para casa. Enquanto via o carro de Terry se distanciando, as náuseas voltaram e minha única vontade era ir para a cama.

Comecei a ler os livros no dia seguinte. Absorvi o conteúdo como uma esponja. Era como se tivesse sido transportada de minha vida sombria para outro mundo.

O primeiro livro era *Cartas do coisa-ruim*, de C. S. Lewis. A história mostrava um demônio que escrevia cartas de instrução para seu sobrinho e aprendiz. Suas cartas descreviam como destruir as pessoas e como preparar armadilhas e esperar que as vítimas caíssem nelas. É claro que eu era culta e sofisticada o suficiente para não acreditar no Diabo. Havia aprendido com a Ciência da Mente e outras religiões ocultistas que as forças malignas só existiam em nosso pensamento. Se a pessoa conseguisse controlar a própria mente, não teria nenhum mal na vida. Assim, achei a idéia do Diabo divertida, mas, ao mesmo tempo, fascinante. À medida que certas situações da vida real eram apresentadas na história, C. S. Lewis parecia ter uma explicação lógica, quase acreditável, para elas.

O segundo livro falava do Espírito Santo. Apesar de ter ouvido falar de "Pai, Filho e Espírito Santo", nunca havia pensado no Espírito Santo como uma pessoa com poder para transformar vidas, nem que ele se manifestava por meio de indivíduos e de dons espirituais. Essa idéia também me pareceu fascinante e lógica.

Por fim, li o Evangelho de João, o quarto livro do Novo Testamento na Bíblia. Era um livro separado, que li de uma só vez. As palavras de cada página transbordavam de significado e sentia sua vitalidade entrando em mim de algum modo e vivificando minha vida.

No final da semana, estava me sentindo um pouco melhor fisicamente, e quando me encontrei com Terry e o pastor Jack no restaurante, estava ansiosa para conversar.

Depois de pedirmos o almoço, o pastor Jack olhou-me e com seu jeito direto disse:

— Então, o que achou dos livros?

— Creio que eles falam de coisas verdadeiras.

Ele sorriu e deixou que eu prosseguisse.

— Só uma coisa me incomodou. Não sei por que, mas não acredito no Diabo.

Ele sorriu novamente, sem esboçar nenhuma reação negativa a meus comentários e explicou calmamente que essa minha forma de crer era uma das armadilhas sobre as quais C. S. Lewis havia escrito.

— O Diabo — ele explicou — quer que você acredite que ele não existe, que Jesus não é o Filho de Deus e que não existe um Espírito Santo com poder para operar na vida das pessoas hoje em dia, pois, desse modo, ele a torna completamente impotente.

Comecei a ver a sensatez daquilo que ele estava dizendo. De fato, eu me encontrava presa numa armadilha. O pastor Jack falava sobre a vida e sobre Deus de uma forma que me fazia querer mais.

Ao terminar o almoço, o pastor nos convidou para irmos até seu escritório e orarmos. Sentado de frente para Terry e para mim, ele me olhou nos olhos e disse:

— Stormie, você me falou que acredita naquilo que leu nos livros. Isso significa que você quer aceitar a Jesus hoje e nascer de novo?

— Sim, quero — respondi calmamente e sem hesitação.

Ele orou, e repeti suas palavras:

— Jesus, eu te reconheço hoje. Creio que és o Filho de Deus como afirmas ser. Apesar de ser difícil entender um amor tão grande, creio que entregaste tua vida por mim para que eu pudesse ter vida eterna e vida abundante hoje. Confesso que sou pecadora. Confesso que não posso viver sem ti. Entra em minha vida, enche-me com teu Espírito. Que toda a morte dentro de mim seja banida pelo poder de tua presença e que este dia seja o novo começo de minha vida.

Foi simples e fácil. Eu nasci de novo e fui cheia do Espírito Santo. Saí do escritório me sentindo leve e cheia de esperança, apesar de não entender completamente o que tudo aquilo significava. Terry me convidou para ir à igreja com ela e o marido no domingo, e eu aceitei. Não tinha forças emocionais ou físicas suficientes para ir sozinha, de modo que eles passaram para me pegar. Fazia quinze anos que eu não ia a uma igreja e, quando entrei, notei de imediato que era completamente diferente de minhas experiências anteriores. A estrutura e a decoração eram simples comparadas com outras igrejas em que eu havia estado, mas tudo também era arrumado e limpo.

— Que bom que você está aqui! — exclamou uma das moças que recebiam as pessoas na porta. Apesar de eu estar vestida de jeans e camiseta e de ela estar num traje social impecável, ela colocou os braços em volta de mim e me abraçou com força. Olhei para ela desconfiada e concluí que seu sorriso era sincero e que dizia a verdade. Não demorei a descobrir que aquela recepção amistosa e o interesse por mim eram típicos de quase todos ali. Era difícil não notar a vitalidade e alegria que vinham das trezentas e poucas pessoas dentro daquele salão lotado. Comparando com as igrejas austeras que havia visitado, senti como se estivesse numa festa.

Ao me acomodar numa das cadeiras confortáveis perto da frente, senti um espírito de paz. Senti que o simples fato de estar lá me dava forças. As coisas espirituais não eram novidade para mim, uma vez que as conhecia de minhas práticas ocultistas, mas aquilo era completamente diferente. Em vez de sentir o medo que havia associado a qualquer coisa espiritual, estava experimentando uma presença sobrenatural de amor tão poderosa que permeava o ar e até revestia as paredes, o chão e as cadeiras.

"Há vida aqui", pensei. "Vida real."

O pastor Jack subiu ao púlpito e nos dirigiu em cânticos de adoração a Deus. A igreja cantou hinos e coros de louvor poderosos que elevaram meu espírito. Não pude evitar comparar aqueles cânticos com o que havia ouvido nas igrejas tristemente tímidas de meu passado, onde as pessoas balbuciavam as palavras de seus hinários e uma soprano tentava compensar cantando em volume dobrado. Mais uma vez, a palavra "vida" me veio à mente ao tentar identificar o que distinguia essa experiência das anteriores.

"Saudai o poder do nome de Jesus, anjos vos prostrai!", as vozes soaram em uníssono. "Fazei sair a coroa real e coroai-o Senhor de todos!"

"Seu nome é Jesus. Os corações tristes não choram mais! Ele curou os aflitos, libertou os cativos. Para sempre ele pode livrar", cantamos suavemente num momento mais tranqüilo. Algumas palavras tocavam-me de forma tão profunda que era impossível cantar. Ficava ouvindo aquelas vozes de adoração penetrando todo o meu ser enquanto as lágrimas corriam pelo rosto. Cada cântico me dava mais força e senti a tensão sendo liberada e deixando meu corpo.

"A Bíblia diz que devemos levantar mãos santas ao Senhor" o pastor Jack falou enquanto eu, como todos os presentes, respondi levantando as mãos em adoração. Ao fazê-lo, senti como se tivesse entregue a mim mesma e o fardo que estava carregando. Estava oferecendo todo aquele peso ao Senhor e ele o estava tirando de cima de mim. Voltei a chorar.

Quando o período de cânticos terminou, o pastor Jack começou a falar, e tive a impressão de que ele estava se dirigindo exclusivamente a mim. A Bíblia ganhou vida enquanto ele pregava sobre uma história que havia se passado milhares de anos antes, mas que tinha implicações práticas para minha realidade naquele momento. Ele falou sobre os israelitas que foram libertos da escravidão no Egito e depois passaram quarenta anos vagando pelo deserto porque se recusaram ouvir a Deus e fazer as coisas do jeito dele.

"Como eu", pensei. "Tenho vivido à minha maneira e vagado pelo deserto. Ó, Senhor", orei em silêncio, "agora eu quero fazer as coisas do *teu* jeito".

Quando estávamos no carro voltando para casa, Terry me perguntou: — Então, o que você achou?

Pensei por um momento e depois respondi:

— Acho que não devo voltar à igreja sem uma caixa de lenços de papel e rímel à prova d'água.

Terry riu, pois sabia como os cânticos, a pregação e a presença poderosa do Espírito Santo naquele culto haviam mexido comigo.

Estava ansiosa para voltar a cada semana. Ainda não tinha forças para ir sozinha, de modo que todo domingo Terry me acordava com um telefonema e passava em minha casa para me pegar. Quando eu entrava na igreja, era envolvida pela paz. A cura e as forças vieram em ondas e comecei a vislumbrar alguma esperança em minha vida. Nunca tinha ouvido alguém ensinar como o pastor Jack e me apegava a todas as suas palavras. Ele sempre aplicava seu ensino àquilo que eu estava vivendo, como se tivesse preparado seu sermão para minhas necessidades. Mais tarde, percebi que isso era o trabalho do Espírito Santo em minha vida e que todos se sentiam como eu. No final de cada pregação, quando o pastor encerrava ressaltando o ponto principal, eu tinha de me esforçar para não soluçar alto. O choro passou a ter um efeito purificador e curativo e, quando passava, sentia-me renovada e revigorada.

Sempre que o pastor convidava os presentes a receber a Cristo como salvador, eu renovava silenciosamente meu compromisso. Só de ouvir que, por causa de Jesus, eu podia ser perdoada de tudo o que havia feito de errado e começar novamente, sentia a vida penetrando o âmago de meu ser.

Toda vez que eu entrava na igreja, chorava. Era o choro de uma garotinha perdida por muito tempo que, apesar de ter se mantido forte durante suas andanças, desatava a chorar quando seu pai a encontrava. Todos os domingos, eu descobria mais uma vez que meu Pai havia me encontrado. Meu Pai me amava e cuidava de mim quando eu não era capaz de me amar e cuidar de mim mesma.

Infelizmente, a volta à "vida real" começava assim que Terry me levava para casa depois dos cultos. No momento em que entrava pela porta, começava a cair novamente em depressão, até o domingo seguinte, quando mal conseguia me levantar da cama. Aos poucos, porém, a paz estendia-se um pouco mais até que, algum tempo depois, começou a durar até o domingo seguinte. Nem Rick era capaz de destruí-la. No entanto, quanto mais alegre eu me tornava, mais Rick se afastava para o outro extremo. Sua atitude negativa ficou mais evidente do que nunca, e suas críticas tornaram-se mais incisivas. Não tinha nada de bom a dizer sobre mim ou para mim.

Certa manhã, voltei da igreja transbordando de felicidade. Rick estava assistindo à televisão e não disse nada.

— Rick, essa igreja é fantástica! Sinto-me tão bem quando volto de lá! Gostaria que você viesse comigo pelo menos uma vez.

— Eu já lhe disse antes que não quero falar sobre isso — ele respondeu irritado. — Se você quer desperdiçar seu tempo com seus amigos crentes esquisitos, problema seu, mas me deixe de fora.

— Rick, por favor, deixe-me falar com você sobre Jesus — persisti, na esperança de penetrar a muralha de suas emoções com a verdade que eu havia encontrado. — Jesus mudou minha vida...

Parei quando Rick levantou-se e rosnou, os olhos cheios de raiva.

— *Nunca* mais diga esse nome dentro desta casa! — disse, saindo da sala. Senti como se tivesse levado um tapa no rosto e o que restava de comunicação entre nós tivesse acabado de vez. Sua raiva era tão intensa que eu sabia que não poderia mais falar de Jesus para ele. A única coisa que restava entre nós agora era ressentimento, e raramente nos falávamos.

À medida que fui adquirindo estrutura interna, os aspectos externos de minha vida começaram a mudar. Aos poucos, alguns dos maus hábitos foram desaparecendo sem que eu precisasse fazer força.

— Quer um cigarro? — uma amiga me perguntou certo dia, enquanto almoçávamos.

— Não, obrigada — respondi.

— Vou pedir uma bebida para você. Que tal um uísque?

— Não estou com vontade, obrigada.

— Quer "viajar" hoje à noite? Meu namorado arranjou maconha de primeira da América do Sul. Podemos passar no apartamento dele e pegar um pouco para nós.

— Não. Estou ótima. Não se ofenda, mas não estou a fim de nada disso — desculpei-me sem necessidade.

— Você está ficando esquisita, Stormie — ela comentou em tom sério.

— Não se preocupe comigo. Talvez pareça esquisita, mas nunca me senti tão feliz — falei, enquanto ela me olhava com perplexidade. — Não sou dependente dessas coisas, só as usava como fuga, para encontrar alívio emocional. Agora que essas necessidades estão sendo supridas por Jesus, simplesmente não preciso mais de nada disso.

— Você está *mesmo* ficando esquisita, Stormie — ela repetiu e depois mudou de assunto.

Algumas semanas depois, realizei um feito de grande coragem. Tingi meus longos cabelos loiros, que eram minha marca registrada, na cor natural, um castanho-claro. Estava começando a suspeitar que ser como Deus havia me criado não seria nada mal e queria verificar minha suspeita. Sabia que, com essa mudança, acabaria perdendo oportunidades profissionais. Dito e feito: ninguém queria uma comediante que fazia o gênero "loira burra" com os cabelos castanhos. Não me incomodei em perder alguns papéis. Estava começando a me sentir bem comigo mesma sem usar o trabalho como afirmação.

Nessa mesma época, o Glen Campbell Show foi cancelado. Dois empresários importantes de gravadoras e televisão para os quais eu havia trabalhado tiveram câncer e morreram. Minha parceira, com quem eu havia cantado em casas de *show* durante vários anos, resolveu voltar para sua cidade. E, para completar, certa manhã recebi um telefonema da agente que tratava de minha participação em comerciais.

— Tenho uma entrevista para você hoje — ela disse alegremente do outro lado da linha.

— Qual é o produto? — perguntei, preocupada.

— É um comercial de cigarros. Eles querem uma loira bonita do seu tamanho.

— Não posso fazer — respondi com um misto de medo e determinação.

— Como não? — senti minha agente controlar sua impaciência.

— Em primeiro lugar, não sou mais loira. Em segundo lugar, não creio que fumar seja um hábito saudável. Não posso fazer parte de algo em que não acredito e não posso convencer as pessoas a comprar um produto que vai lhes fazer mal.

— Stormie, esta é a sexta entrevista para um comercial que você recusa porque envolve bebida alcoólica, cigarro ou roupas que você considera muito provocantes — era evidente que ela não estava satisfeita comigo. — Se você não pode aceitar trabalhos desse tipo, não há nada que possamos fazer por você.

— Você tem razão — disse lentamente. — É uma pena.

— Vou mandar a rescisão de contrato pelo correio — ela avisou rispidamente e desligou.

Coloquei o telefone no gancho, aturdida com o que havia acabado de acontecer. Uma parte de mim sentia-se extremamente aliviada, mas a outra parte estava assustada, pois aquela era minha única fonte de renda. De repente, não tinha mais de onde tirar dinheiro. Sabia que já não podia sustentar Rick naquela casa enorme. A pressão para pagar uma porção de contas altas no final do mês era demais para mim. Isso tudo, mais o fato de Rick estar cada vez mais grosseiro e cruel, foi a última gota. Quando estava perto dele, a vida parecia não ter saída, pois ele me lembrava constantemente de meus erros e de como era uma pessoa rejeitada.

Naquela tarde, encontrei um apartamento e, à noite, informei ao Rick que estava mudando. Não ficamos casados os dois anos que eu tinha planejado, mas não podia mais suportar aquela situação. Disse-lhe que podia ficar com a casa e com tudo o que era dele. Eu levaria apenas aquilo que havia trazido comigo quando nos casamos ou que havia comprado desde então.

Ele concordou e pareceu aceitar a notícia com muita calma. Mas eu sabia que ele estava preocupado, pois teria de encontrar um emprego e pagar as próprias contas. Eu estava tão envolvida com meus próprios sentimentos que não percebia que ele também lutava com a insegurança. Na época, eu só conseguia enxergar meus problemas.

Mudei-me de imediato. Uma vez que não tinha muitas coisas, só precisei de um dia para pendurar os quadros, arrumar os livros e guardar a louça. A indústria de entretenimento estava quase estagnada, de modo que todos os meus amigos aproveitaram para fazer turnês. Junto com meu alívio por não precisar mais sustentar o Rick e a casa, também veio a solidão. Senti que minha vida havia sido virada de cabeça para baixo e que tudo aquilo que não era bom estava sendo sacudido para fora. O único problema é que não restou muita coisa — só a igreja. Para mim, a igreja era um refúgio, um lugar de segurança e paz.

Num domingo de manhã, enquanto todos oravam em pequenos grupos, o pastor Jack foi até onde eu estava e me disse em voz baixa que queria se reunir comigo em seu escritório assim que possível. Fiquei animada, pois gostava muito do pastor, e qualquer oportunidade de conversar com ele era bem-vinda. Além disso, havia escrito minhas duas primeiras canções cristãs e não via a hora de mostrá-las a ele.

Assim que nos encontramos, percebi a seriedade do pastor. Não estava interessado em minhas canções, mas apenas no fato de que eu havia entrado com os papéis do divórcio.

— Deus não permite o divórcio — ele me disse. E depois, passou uma hora me mostrando as passagens bíblicas que confirmavam isso e explicando-as para mim.

Não tentei culpar Rick nem explicar nada. Assumi toda a responsabilidade pelo casamento e seu fracasso. Estava disposta a arcar com as conseqüências de fazer Rick se casar comigo, por mais assustador que fosse. A meu ver, tinha apenas duas escolhas. Devia voltar para o Rick ou abrir mão de minha salvação e da igreja e me divorciar. Sabia que não poderia viver no inferno daquele casamento.

Como se tivesse lido minha mente, o pastor Jack me olhou com uma expressão de compaixão, inclinou-se sobre sua escrivaninha e disse: — Sei que você prefere morrer a voltar para uma situação tão angustiante.

— Eu não posso voltar — disse, tentando conter as lágrimas. Ainda considerava importante manter as aparências, de modo que me esforcei para não chorar. Fiquei feliz que ele entendeu meus sentimentos e que, se tivesse de deixar a igreja, ele saberia o motivo.

Então, ele fez algo totalmente inesperado. Ajoelhou-se ao lado de minha cadeira, colocou os braços ao redor de mim, me abraçou com força e disse:

— Saiba de uma coisa: não importa a decisão que tomar, continuarei amando você e esta igreja sempre será seu lar.

Não podia mais controlar as lágrimas que escorriam pelo rosto. Nunca havia deparado com um amor incondicional como esse. Tentei com todas as forças conter os soluços que estavam prestes a irromper. "Se eu não me controlar, o pastor Jack vai ver que sou uma desequilibrada e mudar de idéia quanto a me deixar ficar na igreja", raciocinei.

Saí do escritório prometendo voltar para receber mais aconselhamento e considerei uma grande vitória não ter me descontrolado completamente. Estava grata a Deus por não ter de deixar a igreja e por poder ser amada mesmo quando errava. Eu esperava o julgamento que havia sido uma presença constante em minha vida antes de eu encontrar Jesus. Em vez disso, encontrei o amor de Deus. Em breve, descobriria a profundidade inimaginável desse amor.

10

O libertador

ABRI O ENVELOPE BRANCO de um estúdio de cinema para o qual trabalhara havia mais de cinco anos.

"Outro cheque de pagamento residual!", exclamei alegremente para mim mesma. Aqueles 276 dólares eram suficientes para pagar meu aluguel, comprar comida e pagar as duas contas sobre minha mesa.

"Deus, o senhor é tão bom para mim!", orei transbordando de gratidão. "Toda vez que eu preciso pagar uma conta, o senhor provê das maneiras mais inesperadas."

Ao longo dos últimos meses sem trabalho fixo, o Senhor havia suprido em inúmeras ocasiões. Também havia me sustentado de várias outras maneiras. Como tinha mais tempo livre, podia ir à igreja com maior freqüência, especialmente para receber aconselhamento. Além disso, a falta de um trabalho fixo estava me ensinando a definir minha identidade de acordo com Jesus, e não com o último papel ou gravação. Foi um processo lento e difícil.

Também estava aprendendo sobre a "comunhão". Quando ouvi a palavra pela primeira vez, pareceu-me ter um jeito de "evangeliquês". Trouxe-me à mente imagens de chá e biscoitos nas reuniões de senhoras ou de jantares no salão social da igreja. No entanto, descobri que comunhão era muito mais do que o cafezinho depois do culto. Era conhecer outros cristãos numa relação de envolvimento e preocupação genuína. Comecei esses novos relacionamentos com cautela. O contraste entre os amigos cristãos e os não-cristãos era gritante. Como descobri, entre as pessoas que amam ao Senhor existe uma ligação que torna todos os outros relacionamentos superficiais. Essa ligação é atrativa e irresistível. "O crescimento é uma experiência relacional", o pastor Jack costumava dizer. "Ele só é possível por meio das relações entre os cristãos."

Entendi com isso que precisava haver uma interação constante com outros cristãos, a fim de que eu experimentasse um crescimento real. Aprendi que a comunhão expande o coração, constrói pontes e derruba muros dentro de nós, levando-nos a descobrir quem Deus nos criou para ser. Não sabia muito bem como funcionava, mas funcionava.

ACORDEI SOBRESSALTADA no domingo de manhã e, pela claridade do sol atravessando as cortinas do quarto, percebi de imediato que havia dormido demais. Apesar de todas as bênçãos do Senhor, do aconselhamento na igreja e dos momentos de alegria e paz, bem como do apoio de outros cristãos, ainda precisava lidar com a depressão que insistia em aparecer de tempos em tempos. A luta constante para me manter livre dela era exaustiva. Sofria de insônia e, depois de passar horas virando de um lado para o outro, conseguia adormecer quando o dia estava para clarear. Quando acordava, era como se não tivesse dormido nada.

"O culto começa em vinte minutos", resmunguei para mim mesma. "Não vou ter tempo de lavar o cabelo nem colocar maquiagem. Vou sentar no fundo e torcer para ninguém me ver."

Vesti-me rapidamente, penteei o cabelo, peguei a Bíblia e corri para o carro. As manhãs de domingo eram essenciais; e, qualquer que fosse meu estado, perder um culto estava fora de questão.

Parei o carro no estacionamento da igreja e corri para a entrada, onde deparei com Paul Johnson e Terry. Enquanto nos cumprimentávamos, eles acenaram animadamente para alguém que estava entrando no estacionamento.

— É Michael Omartian. É a primeira vez que ele vem a esta igreja — Paul explicou.

— Que ótimo! — comentei, tentando disfarçar meu pânico e me xingando por ter saído de casa sem nem passar batom. Queria fugir antes que ele me visse com aquela aparência horrível, mas não tive tempo. Michael saiu do carro e, num instante, estava vindo em nossa direção.

— Michael, olha quem está aqui. É a Stormie! — disse Paul.

— Oi, Michael — tentei parecer alegre. — Como você está?

— Bem — ele respondeu, acenando com a cabeça. Apesar do cabelo comprido demais e sem corte, ainda era o homem mais bonito e atraente que eu conhecia. Pedi licença e entrei na igreja sozinha. Desarrumada como estava, não podia nem pensar em me sentar com eles.

Chorei do começo ao fim do culto, e o pastor Jack deve ter se perguntado que efeito sua mensagem teve sobre mim naquela manhã. Só conseguia pensar em como havia estragado tudo. Percebi que, quando Michael entrara em minha vida pela primeira vez, Deus o colocara ali como uma oportunidade de eu tomar a decisão certa. Eu tinha ouvido a verdade. Havia me sentido atraída pela luz de Deus na vida dele, mas havia resistido. Tivera minha chance e, como sempre, fizera a escolha errada. Agora era tarde demais.

"Deus", clamei, "estraguei tudo. Estes 29 anos foram um desperdício total. Minha vida está em mil pedaços, e não consigo juntá-los. Senhor, eu lhe agradeço por ter me concedido esperança, paz e vida eterna, mas, a meu ver, minha vida aqui nunca vai dar em nada. É tarde demais", abafei os soluços num lenço encharcado.

No meio de minha angústia profunda, ouvi Deus falar palavras de consolo ao meu coração: "Eu sou o Redentor. Eu redimo todas as coisas e as faço novas. Eu restaurarei aquilo que você perdeu. Não importa o que você fez. Não importa o que aconteceu com você. Posso remover toda a mágoa, a dor e as marcas. Posso não apenas curá-las, mas usá-las para fazer algo de bom".

As lágrimas não paravam de correr. Como Deus poderia fazer isso? Por mais difícil que parecesse, cri sinceramente que todas as coisas eram possíveis para Deus, e suas palavras me deram esperança. "Deus, eu lhe entrego minha vida. Não me deixe seguir caminhos errados outra vez", orei.

Até aquele momento, eu havia apenas recebido a vida que Deus me dera. Agora, estava *entregando* para ele minha vida. Ao olhar para os fracassos e escombros de meu passado, sabia que não podia mais tentar seguir meu próprio rumo. Queria que Deus assumisse o controle de minha vida e a usasse conforme o desejo dele. Sem dúvida ele a conduziria melhor do que eu.

Depois do culto, foi impossível sair sem que ninguém me visse. Michael me parou perto da porta e contou que havia comprado um carro novo no dia anterior.

— Você quer dar uma volta? — perguntou.

"Perfeito", pensei comigo mesmo. "Justo no dia em que saí de casa parecendo um espantalho!"

Havia dois anos não nos falávamos e pusemos a conversa em dia.

— Você se saiu bem, Michael — disse sorrindo. — Ouvi dizer que você é o pianista mais requisitado da cidade. Eu falei que seu talento seria descoberto.

Michael riu, mas sua expressão logo ficou séria.

— Fiquei sabendo que você se divorciou.

Olhei para baixo e fiz que sim com a cabeça.

— Você pode dizer: "Eu avisei". Todo mundo sabia que não ia dar certo.

— Eu sinto que falhei com você quando não falei mais claramente de Jesus. Se eu tivesse me esforçado mais, talvez tivesse ajudado você a entender. Talvez você tivesse aceitado a Cristo e nada disso teria acontecido — disse Michael.

— Não foram poucas as vezes em que desejei que você tivesse me obrigado a ouvir. Mas, agora, tudo isso é passado, e o mais importante é que hoje eu conheço a Cristo. Não se culpe. Foi aquilo que eu vi em sua vida que me atraiu para Jesus. Eu o vi em você e Terry e, depois, no pastor Jack. Levei algum tempo para perceber o que vocês tinham de diferente.

Para minha grande surpresa, Michael sugeriu que nos encontrássemos para conversar no fim de semana seguinte. "Deus, o senhor deve ter cegado esse homem, ou ele deve ter ficado com pena de mim. Saí de casa tão desgrenhada", orei em voz alta enquanto voltava para casa em meu carro. "Se não devo ficar com Michael, estou disposta a não me encontrar mais com ele", falei de coração, demonstrando que minha oração no culto daquela manhã havia sido sincera.

Não senti nenhuma inquietação quanto a sair com Michael no fim de semana seguinte. Assim, no sábado à noite lavei e arrumei o cabelo com todo cuidado e coloquei a maquiagem como se fosse uma artista pintando um quadro. Quando abri a porta, ele deve ter se perguntado se eu era a mesma mulher que ele havia visto no domingo anterior. Saímos para jantar e, durante vários meses, nos vimos todos os fins de semana. Quando combinamos de nos encontrar para jantar *durante* a semana, vi que o relacionamento estava ficando sério.

Uma das coisas de que eu mais gostava era ir à igreja com Michael no domingo de manhã. Saíamos para almoçar depois do culto e conversávamos sobre os ensinamentos da Bíblia e a respeito daquilo que Deus estava fazendo em nossa vida a cada semana. Ao orarmos juntos, nos aproximávamos cada vez mais um do outro enquanto continuávamos a crer e aprender sobre os caminhos de Deus.

Nós dois começamos a perceber a importância da obediência àquilo que o Senhor havia ordenado e as recompensas que ela trazia. Aprendemos que os caminhos de Deus são bons e que podemos confiar nele. Todo esse aprendizado era uma aventura emocionante e nunca nos cansávamos um do outro.

Depois de quase um ano de namoro, Michael me pediu em casamento. Não precisei pedir um tempo para pensar, pois já havia refletido muito sobre essa possibilidade. Por mais que eu quisesse passar o resto da vida com Michael, tinha medo de cometer outro erro. "Senhor, que se cumpra sua vontade perfeita quanto a nosso relacionamento", orava todos os dias.

Certo dia, enchi-me de coragem e disse:

— Michael, precisamos conversar. Preciso lhe contar algumas coisas de meu passado, coisas que fiz e nunca falei a ninguém.

Confessei tudo o que havia feito, pois queria, a qualquer preço, que nosso relacionamento fosse totalmente honesto. Sua expressão de preocupação se transformou num sorriso quando terminei.

— É isso?

— Você acha pouco?

— Do jeito que você falou, pensei que você fosse uma das criminosas mais procuradas pelo FBI.

Ri e suspirei de alívio.

— Isso significa que você ainda quer ser meu amigo?

— Quero ser mais do que seu amigo — ele respondeu, e eu soube naquele momento que havia encontrado o homem certo.

DEPOIS QUE NOS CASAMOS, tivemos de resolver vários problemas. Felizmente, não eram problemas entre *nós*. Individualmente, estávamos lidando com marcas do passado, e o casamento trouxe essas coisas à tona.

Michael nunca sofreu nenhum tipo de abuso na infância. Teve uma família maravilhosa. Sua mãe, uma pessoa muito querida para mim, havia sido uma mulher dominadora com expectativas extremamente elevadas, das quais Michael sentia estar sempre aquém. Logo depois que nos casamos, ela me contou que havia cometido erros como mãe.

— Fui muito dura com ele quando era pequeno — ela me confessou certa vez. Seus olhos castanhos, grandes e expressivos estavam cheios de mágoa e remorso. Transmitiam a culpa que atormenta qualquer pai ou mãe que descobre ter errado com seu filho e sabe que não tem como voltar atrás.

— Ele se sente incapaz de viver à altura das expectativas da família, e a culpa é minha — ela disse com um longo suspiro.

— Michael é uma pessoa extraordinária e um excelente marido — disse-lhe, procurando encorajá-la. — Claro que os problemas do passado são reais, mas ele está superando essas dificuldades, e Deus as está usando para mostrar seu poder na vida de Michael. Não se sinta culpada. Tudo isso está sendo curado — ela pareceu mais consolada, mas vi que a preocupação não passou.

A diferença entre Michael e eu era que ele sofria com a sensação de nunca corresponder às expectativas, enquanto eu sofria pela convicção de que ninguém esperava nada de mim. Parte de mim sempre se sentia desajustada e repetia que eu não deveria ter nascido. Felizmente, o grande amor e a confiança que Michael e eu tínhamos um no outro formaram um vínculo forte que lançou os alicerces para a cura que estava por vir.

Aos poucos, descobri que aceitar Jesus como meu Salvador pessoal e nascer de novo como parte do reino de Deus foi algo que aconteceu de uma só vez, mas permitir que ele fosse *Senhor* sobre minha vida era um processo. Com o passar do tempo, fui me entregando cada vez mais, porém toda vez que pensava que havia me entregado *completamente*, descobria que havia entregado apenas mais uma parte. Se desejava viver em paz, desfrutando plenamente a bênção de Deus, precisava obedecer à Palavra de Deus — não de uma forma legalista, mas com uma atitude que diz: "Mostre-me o que fazer, Senhor, e ajude-me a fazê-lo".

Para viver em obediência à Palavra de Deus, precisava descobrir o que ela dizia. Assim, comprei uma Bíblia grande e pesada com quatro versões. Li uma versão do começo ao fim e depois comecei a versão seguinte. As pessoas que me viam carregando aquela Bíblia enorme para a igreja deviam pensar que eu era extremamente espiritual. Na verdade, estava apenas ávida por descobrir o que Deus queria para mim.

À medida que meu anseio pela Palavra de Deus crescia, também aumentava meu desejo de receber mais ensino. Ir à igreja uma vez por semana não era mais suficiente, de modo que comecei a freqüentar os cultos às quartas-feiras e aos domingos à noite. Isso possibilitou fazer novos amigos, e, nesses relacionamentos, descobri uma fonte importante de força e ânimo.

Sempre escrevi canções, mas comecei a levar essa atividade mais a sério à medida que meu coração se enchia com cânticos sobre Jesus. Quando a inspiração fluía, era quase impossível escrever rápido o suficiente para acompanhá-la. Reescrevia, fazia mudanças e ajustes, até que a palavra certa estivesse com a nota certa e expressasse exatamente aquilo que eu queria dizer. A emoção de ouvir essas canções serem gravadas por artistas cristãos e saber que Deus as estava usando para levar felicidade à vida de outras pessoas era um privilégio que eu estimava profundamente. Cria que essa dádiva era parte de minha recompensa pela obediência.

Michael e eu logo percebemos que havíamos deixado de tomar um passo importante de obediência — o batismo. O próprio Jesus foi batizado, a fim de fazer o que era certo e ordenou que todos nós fizéssemos o mesmo.

Ainda cautelosa sobre fazer algo como mero ritual religioso, e não como passo de obediência com discernimento, estudei a questão mais detalhadamente. Descobri que o batismo era um ato de obediência pelo qual o senhorio de Jesus em minha vida é declarado. O passado é lavado pela água e sepultado, e a pessoa sai purificada. A água em si não tem nada de mágico. O poder não está na água, mas na obediência à Palavra de Deus, quer você a entenda plenamente, quer não. Todos os passos de obediência, e sobretudo este, traziam consigo a oportunidade de libertação e plenitude, e eu desejava tudo o que Deus tinha preparado para mim. Depois de conversar sobre isso com Michael, nós dois fomos batizados na mesma noite. Não me senti diferente depois do batismo, mas experimentei a alegria e certeza de saber que havia obedecido a Deus.

Ao longo de todo esse crescimento, continuei lutando com a depressão, e, estranhamente, ela parecia estar se tornando mais intensa. Todas as manhãs eu acordava com pensamentos de suicídio. Era como um vício do qual eu não conseguia me libertar. No entanto, não tive vergonha de pedir a ajuda da igreja. Visitava com freqüência o escritório de aconselhamento, e os conselhos que recebia sempre ajudavam, mas o problema da depressão ainda não havia sido completamente eliminado.

Não conseguia entender por quê. Havia recebido a dádiva da vida eterna e perdão total de Jesus, tinha um pastor carinhoso que me ensinava muitas coisas sobre Deus e a Bíblia, e um marido maravilhoso e segurança financeira, de modo que não precisava mais trabalhar para sobreviver. E, no entanto, ainda sentia que minha vida não tinha propósito. O que havia de errado comigo? Será que faltava alguma coisa em mim, como em minha mãe? Ainda tinha medo de sucumbir a alguma doença mental como havia acontecido com ela. Se eu tinha tudo o que queria e ainda sentia falta de algo, se tinha motivos de sobra para estar feliz, mas continuava deprimida, se tinha tantas razões para viver, mas continuava querendo morrer, que esperança havia para mim? Estava certa de que Jesus era a resposta para todas as minhas necessidades e, se ele não podia me ajudar, então não havia solução.

Quando os pensamentos de suicídio se intensificaram, Michael insistiu para que eu ligasse para o escritório de aconselhamento. Aparecia por lá com tanta freqüência que estava me sentindo mal, mas a equipe de conselheiros parecia não se importar. Alguém me recebeu e me conduziu até o escritório do co-pastor, e eu lhe contei sobre a extensão e severidade da depressão e sobre os pensamentos de morte que não passavam.

Ele pensou por um momento e depois disse:

— Creio que seria bom você falar com a Sara Anne.

Descobri que ela era a esposa de um dos pastores e membro da equipe de aconselhamento da igreja. Era uma pessoa profundamente comprometida com a Palavra de Deus e com uma grande fé para orar por outros por libertação da dor emocional. Tinha ampla experiência com pessoas que haviam enfrentado meu tipo de problema e exercia um ministério repleto do poder de Deus.

Entrei em seu escritório e me sentei na cadeira do outro lado de sua escrivaninha. Ela olhou para mim e abriu um grande sorriso. Tinha um rosto lindo e inteligente, que irradiava compreensão e afeto e me senti à vontade para lhe contar sobre meus problemas e meu passado. Ela ouviu tudo, acenando pensativamente de vez em quando e sem nenhum sinal de espanto diante do que eu estava lhe dizendo.

— Você precisa ser liberta da opressão — ela disse com naturalidade quando terminei de falar. — Você sabe o que isso significa?

Fiz que não com a cabeça. Havia ouvido essa expressão, mas não sabia exatamente o que queria dizer. Parecia alguma atividade estranha, envolvendo demônios de olhos vermelhos e redemoinhos, mas a julgar por sua expressão tranqüila, não era nada disso.

— Não deixe que a idéia assuste você — explicou Sara Anne. — Trata-se de um processo para se tornar tudo aquilo que Deus criou você para ser. A libertação remove toda a destruição e escravidão da vida de uma pessoa para que o verdadeiro *eu* possa aparecer. Muitas pessoas têm medo disso, pois acham que vão perder a própria personalidade. Mas a libertação não *muda* você, ela *rompe as correntes*.

— Estou me referindo à opressão, não à possessão — ela prosseguiu. — Alguns espíritos se ligam às pessoas. Eles podem entrar na vida de qualquer um por obra do Diabo, que tem permissão de influenciar nossa vida por meio de nossos próprios pecados. Nossa responsabilidade é orar por libertação de qualquer opressão que esteja atormentando você, seja ela na forma de medo, pensamentos suicidas ou qualquer outra coisa. 2Coríntios 1:10 diz que Jesus livrou e *continuará* livrando você. A libertação é como a salvação no sentido de que não a merecemos. É uma dádiva de Deus para nós.

E continuou:

— Creio que você deve jejuar e orar e voltar aqui na próxima semana para vermos o que Deus quer fazer por você. Alguns tipos de libertação só podem ser realizados por meio de oração e jejum.

— Jejum? — perguntei preocupada.

Havia ouvido falar de jejum numa das pregações do pastor Jack. Na verdade, a igreja toda devia jejuar às quartas-feiras. Acho que entendi que o pastor Jack estava falando para os líderes da igreja, os presbíteros e os membros mais espirituais. Com certeza não entendi que também estava falando para mim.

— Sim. Existe certo tipo de libertação que não acontece em sua vida sem oração e jejum. Com esse ato, você nega a si mesma e declara que Deus é tudo em sua vida. O objetivo do jejum é romper as correntes da perversidade, aliviar de fardos pesados, libertar os oprimidos e quebrar todos os jugos.

— Pois bem... jejum... — concordei com hesitação, não querendo revelar minha preocupação de que poderia morrer durante a noite caso fosse dormir sem jantar. — Por quanto tempo? — perguntei com ansiedade.

— Você deve parar de comer no final do dia no domingo, e eu me encontrarei com você na quarta de manhã, às dez horas — ela disse confiante.

— E durante esse tempo eu só bebo água? — perguntei.

— Só água. Você não tem nenhum problema físico que não lhe permita fazer isso, tem?

— Não — respondi, tentando pensar em alguma coisa.

— Durante esse tempo, você deve orar bastante. Peça a Deus que traga à sua mente todos os relacionamentos sexuais inapropriados que você teve, todo pecado que você cometeu, todas as práticas ocultistas com as quais se envolveu e faça uma lista de tudo. Traga a lista com você na próxima semana.

"Vou escrever dia e noite sem parar", pensei horrorizada.

— O que você vai fazer com o papel? — perguntei, tentando não parecer preocupada.

— Quando você tiver confessado tudo e nós tivermos orado, você vai rasgar o papel e jogá-lo fora.

— Ótimo — disse com grande alívio, fazendo-a rir de minha reação.

Saí do escritório de Sara Anne cheia de esperança de que Deus faria algo por mim. O jejum pareceu uma aventura, e fiquei feliz que Sara Anne me tivesse pedido para fazê-lo.

Os dois primeiros dias de jejum não foram difíceis. Trabalhei em minha lista e, cada vez que ficava com fome, bebia um copo de água. Na manhã do terceiro dia, quando estava me aprontando para encontrar com Sara Anne, ela telefonou para dizer que estava doente e que teríamos de adiar nosso encontro até a outra semana.

Minhas esperanças ruíram no mesmo instante. Podia ouvir que ela estava com os pulmões congestionados e mal podia falar. Ela pediu desculpas, e é claro que entendi. Mas, em vez de considerar aquilo um ataque do inimigo sobre o corpo dela, acreditei na mentira do Diabo de que eu nunca seria liberta.

"Está vendo? Besteira sua achar que alguma coisa poderia mudar", ouvi a voz dentro de minha cabeça dizer. "Você está desse jeito há vinte anos e vai continuar assim até morrer."

Durante aquela semana, a depressão tornou-se tão intensa que, quando Michael não estava em casa, eu passava horas na cama me sentindo exausta. Sara Anne instruiu-me a jejuar novamente, da mesma forma como havia feito na semana anterior. Perdi todas as esperanças de que o jejum ajudaria de algum modo, mas resolvi obedecer e deixar que Sara Anne descobrisse por sua própria conta que não adiantaria nada.

Na manhã do terceiro dia, levantei-me sem nenhuma disposição e me vesti, esperando o telefone tocar e o compromisso ser cancelado novamente. Mas ninguém telefonou. Pouco antes de eu sair, Michael e eu oramos pedindo que Deus fizesse um milagre.

Quando entrei no escritório de Sara Anne, fomos direto ao assunto. Ela me fez renunciar a todo o meu envolvimento com o ocultismo, citando especificamente cada tipo de prática e pedindo perdão a Deus.

— Deixe seus astrólogos se apresentarem — ela leu na Bíblia — aqueles fitadores de estrelas que fazem predições de mês a mês, que eles a salvem daquilo que está vindo sobre você; sem dúvida eles são como restolho; o fogo os consumirá. Eles não podem nem mesmo salvar-se do poder das chamas.[1] Não permitam que se ache alguém entre vocês... que pratique adivinhação, se dedique à magia, faça presságios, pratique feitiçaria ou faça encantamentos; que seja médium, consulte os espíritos ou consulte os mortos. O Senhor tem repugnância por quem pratica essas coisas.[2]

Aquilo que a Bíblia dizia sobre o oculto era bastante claro. Quem anda nesses caminhos não pode andar com Deus. Lembrei-me de ouvir o pastor Jack dizendo: "O oculto é real quanto ao seu poder, mas errado quanto à sua fonte. Seu poder vem do reino das trevas".

A princípio, não quis acreditar que essas coisas fossem erradas. Sempre havia pensado nelas como formas de me aproximar de Deus. Mas acreditava naquilo que Deus havia dito e acreditava que a

[1] Isaías 47:13-14.

[2] Deuteronômio 18:10-12.

Bíblia é a Palavra de Deus. Assim, se Deus havia dito que aquelas coisas eram erradas, estava disposta a abrir mão de meu envolvimento com elas. No entanto, em minha falta de entendimento espiritual completo, nunca havia me ocorrido romper *verbalmente* os vínculos que havia formado com o reino das trevas. Pensei que bastasse deixá-las de lado. Mas estava errada. Eu havia andado nos caminhos do mal sem procurar identificar e romper seu poder sobre minha vida. Quando Sara Anne leu aquelas passagens da Bíblia, entendi que devia fazer exatamente isso. Ela me instruiu a renunciar a cada prática especificamente, e foi o que eu fiz.

"Pai celestial", comecei minha confissão, "coloco diante de ti meu envolvimento com outros espíritos além de teu Espírito. Em nome de Jesus, renuncio à astrologia, às predições, aos tabuleiros de Ouija, renuncio à reencarnação, às sessões espíritas, à numerologia, renuncio às adivinhações usando folhas de chá, aos horóscopos, à psicografia, renuncio à feitiçaria, ao hipnotismo, ao ioga, renuncio à projeção astral, ao espiritismo, à percepção extra-sensorial, às cartas de tarô, à quiromancia, renuncio ao controle da mente, à meditação transcendental, à levitação e às falsas religiões. Reconheço que essas práticas são satânicas e confesso meu envolvimento como pecado. Amarro esses poderes das trevas e, em nome de Jesus, rompo com qualquer influência que tiveram sobre mim."

Quando terminei e Sara Anne orou por mim, senti como se um peso enorme tivesse sido tirado de meu peito.

Em seguida, peguei minha lista de comportamentos sexuais pecaminosos, abortos, e outros pecados dos quais havia me lembrado e os apresentei ao Senhor. Confessei cada um deles como pecado e pedi perdão a Deus.

Em seguida, tratamos do problema com minha mãe. Sara Anne me instruiu a orar: "Deus, confesso o ódio que sinto de minha mãe e peço teu perdão. Eu a perdôo por tudo o que ela fez comigo, eu a perdôo por não me amar, e a entrego em tuas mãos."

A essa altura, comecei a chorar, em parte pelo alívio que experimentei ao ser liberta do fardo pesado de fracasso e culpa e, em parte, por sentir a presença suave do Espírito Santo em minha vida, operando a cura.

Partindo dessas confissões preliminares, Sara Anne chamou Andrea, outra conselheira, para orar com ela. Fiquei sentada numa cadeira enquanto as duas colocaram as mãos sobre minha cabeça e adoraram a Deus por vários minutos. Mantive meus olhos fechados e senti como se o telhado da sala estivesse se elevando com a alegria de seus louvores.

Um a um, elas se dirigiram aos espíritos que haviam me atormentado ou exercido um poder opressor sobre minha vida. Mencionaram espíritos de inutilidade, desespero, medo, rejeição, suicídio e tormento. Não estava possuída por demônios, mas esses espíritos haviam me oprimido em pontos onde eu lhes havia concedido espaço, por meio dos pecados de rancor e desobediência a Deus.

Quando Sara Anne sentiu que a opressão havia sido rompida, soltou minha cabeça e colocou as mãos sobre meus ombros. Começou a falar, não com a voz poderosa de autoridade que havia usado para se dirigir aos espíritos opressores, mas em um tom suave, quase angelical. Entendi que ela estava me oferecendo uma mensagem profética, uma palavra que mudaria minha vida para sempre.

— Minha filha, você passou a vida inteira trancada num armário: primeiro fisicamente, depois emocionalmente. Mas *eu* tenho as chaves. *Eu* tenho as chaves.

Lágrimas corriam-me pelo rosto e caíam-me nas mãos abertas sobre o colo num gesto de abertura às palavras de Jesus enquanto ele abria o lugar onde eu havia sido prisioneira minha vida inteira.

— Estou lhe entregando as chaves — a palavra continuou. — Sempre que você sentir o Diabo tentando trancá-la outra vez, use as chaves que eu lhe dei. Use as *chaves* que eu lhe dei.

— Deus também me indicou uma passagem da Bíblia para entregar a você — disse Sara Anne, enquanto folheava a Bíblia aberta sobre sua escrivaninha. — Está em Isaías: "Encorajem a Jerusalém e anunciem que ela já cumpriu o trabalho que lhe foi imposto, pagou por sua iniqüidade, e recebeu da mão do SENHOR em dobro por todos os seus pecados".[3]

E, olhando para mim, ela disse:

— Eu sei que o Senhor me falou para lhe dar esta passagem, mas não sei bem o que "em dobro por todos os seus pecados" significa para você.

— Eu sei o que significa — eu lhe garanti. — Sempre senti que havia pagado o dobro por tudo. A vida sempre foi duas vezes mais dolorosa e duas vezes mais difícil para mim do que para qualquer outra pessoa. Deus está me dizendo que isso acabou. Os tempos difíceis chegaram ao fim e as conseqüências de meu pecado foram pagas.

Quando tudo terminou, eu estava exausta. Com um grande sorriso carinhoso, Sara Anne me abraçou e disse:

— Deus operou em seu favor hoje. Você vai se sentir uma nova pessoa.

— Já me sinto! — respondi. Não sabia ao certo tudo o que havia acontecido ali, mas sentia como se uma tonelada de peso morto tivesse sido removida de cima de mim. E, *de fato*, me sentia renovada.

— Eu sei que pode parecer uma pergunta estranha — continuei — mas vocês não acham que devo mudar de nome? Será que "Stormie" é um nome cristão legítimo? Quando eu era criança,

[3] Isaías 40:2.

detestava as gozações por causa dele. Hoje em dia, é um nome do qual as pessoas se lembram, mas sempre quis ter um nome normal, como Marylin. Talvez esse seja um bom nome para eu usar agora. Uma vez que sou uma nova pessoa, talvez também devesse ter um novo nome. O que vocês acham?

As duas mulheres ouviram com atenção e, depois de um momento de silêncio, Andrea respondeu:

— Não. Creio que você deve manter seu nome e deixar que ele seja um testemunho daquilo que Deus fez em sua vida. Você saiu de uma infância tempestuosa, mas Deus acalma as tempestades de nossa vida. Sei que ele vai completar essa obra em você. Sempre que alguém lhe perguntar sobre seu nome, use a pergunta como uma oportunidade para falar da bondade de Deus.

Senti que seu conselho era uma palavra de Deus, de modo que deixei o assunto do nome de lado de uma vez por todas. Agradeci-lhes e abracei-as antes de sair.

— Agora ande na liberdade que Deus lhe deu — instruiu Sara Anne. Ela me orientou a ler a Bíblia e orar todos os dias e ir à igreja três vezes por semana. — Com isso, terá uma boa armadura de proteção contra o Diabo, pois ele tentará recuperar o território de sua vida que foi tomado dele — ela explicou. — Aquilo que foi feito por Deus não pode ser facilmente desfeito, mas o Diabo com certeza pode atacar essa obra fazendo você duvidar e temer outra vez.

Saí do escritório dela quase entorpecida. Ao dirigir para casa, tentei me lembrar do que havia acontecido. Naquela manhã, tinha ido para lá sem muita esperança. Cria que Deus *podia* fazer algo, mas não sabia se ele *faria* algo por mim.

Havia sentido a presença de Deus durante todo o processo. Não sabia o que tudo aquilo significaria em minha vida. E que chaves eram aquelas sobre as quais Deus havia falado?

Michael estava fora quando cheguei em casa. Comi uma fruta — minha primeira refeição depois de quase três dias — e fui para cama. Algumas horas depois, Michael chegou em casa e acordou-me de um sono profundo.

— Conte-me o que aconteceu em seu encontro com Sara Anne — sua voz refletia a preocupação estampada no rosto. Haviam sido tempos difíceis para ele também, mas minha paralisia emocional não havia me permitido perceber isso até então.

Na metade de meu relato, ele me interrompeu:

— Seus olhos estão completamente diferentes, Stormie. Cheios de paz, e não de medo ou preocupação. Mas não é só isso... Não consigo explicar... continue.

Na manhã seguinte, acordei sem nenhum sentimento de depressão — nenhum pensamento de suicídio, nenhum peso no peito, nenhuma ansiedade quanto ao futuro. Esperei o dia inteiro para ver se as sensações voltariam, mas nada aconteceu.

Dia após dia foi a mesma coisa. Nunca mais experimentei aqueles sentimentos, nem o torpor que os acompanhava. Havia entrado naquele escritório de aconselhamento conhecendo Jesus como meu Salvador, mas havia saído de lá conhecendo-o como meu Libertador.

11

As chaves

DEPOIS DA OCASIÃO de meu livramento, passei o resto do ano aprendendo quais eram as chaves que Deus havia me oferecido. Sabia que Jesus tinha as chaves para a vida e, ao recebê-lo e nascer de novo, a porta para a vida depois da morte havia sido aberta para mim. Então, ele abriu a porta de meu armário emocional naquele dia no escritório de aconselhamento com Sara Anne. Descobri com o tempo que o significado das chaves se estendia muito além. Para que eu pudesse experimentar mais vida *nesta* vida, precisava de chaves para abrir portas diariamente — as portas para a paz, plenitude, realização, amor, abundância, crescimento, libertação contínua, frutuosidade e restauração.

Uma dessas chaves consistia em passar tempo diariamente com a *Palavra de Deus* e permitir que ela fosse escrita indelevelmente em meu coração e em minha mente para que moldasse minhas ações e meus pensamentos. Não tive dificuldade em crer que a Bíblia é a Palavra de Deus, pois, a partir do momento em que aceitei Jesus, as palavras praticamente saltavam das páginas, repletas de vida. Por isso, meu anseio pela Palavra tornou-se cada vez mais intenso, junto com meu desejo de ser nutrida e fortificada nos aspectos de meu espírito e minha personalidade que careciam terrivelmente de seu sustento. Memorizava certos versículos e repetia-os em voz alta ao atravessar com poder os períodos de escuridão. Lia até mesmo quando não entendia o que estava lendo ou quando estava cansada demais para assimilar o conteúdo da passagem. Pastor Jack ensinou que era como fazer uma refeição.

— Você se lembra do que almoçou na terça-feira? — perguntou.

— Não — respondi.

— Mas ainda assim aquela refeição nutriu seu corpo, certo?

— Sim — concordei.

— Pois bem, mesmo que você não se lembre de uma única palavra lida na Bíblia ontem à noite, ainda assim, ela alimentou seu espírito.

Descobri logo que para viver diariamente de forma agradável a Deus, precisava ler a Bíblia logo cedo, antes de fazer qualquer outra coisa. Começava com a disposição mental correta, o que me dava uma base sólida para construir as outras atividades do dia. Sempre que era tentada a voltar ao velho hábito de me ver como uma fracassada ou de sentir medo ou depressão, pegava a Bíblia novamente e lia. Ao fazê-lo, podia sentir minha atitude mudando e minha mente se enchendo de paz.

A chave da Palavra de Deus também era munição espiritual para resistir a tudo aquilo que estava se opondo a mim. Comecei a entender a autoridade e o poder que havia recebido por meio de Jesus. Quando tinha medo e ouvia uma voz em minha cabeça dizer: "Você vai acabar mentalmente desequilibrada como sua mãe", falava em voz alta um versículo das Escrituras que diz: "Pois Deus não nos deu espírito de covardia, mas de poder, de amor e de *equilíbrio*".[1] Repetia essas palavras até o medo passar.

Outra chave era a *oração*. As palavras do rei Davi: "Antes do amanhecer me levanto e suplico o teu socorro", ressoavam-me na

[1] 2Timóteo 1:7 (grifo da autora).

mente, e sabia que precisava acordar cedo todas as manhãs, não apenas para ler a Bíblia mas também para conversar com Deus, colocando diante dele todas as minhas preocupações e ouvindo suas respostas.

Como a Palavra de Deus, a oração ajudou a mudar meus padrões mentais. Durante trinta anos, eu pensei: "Você não vale nada, Stormie. É feia e inútil. Não tem nenhum talento, nenhum dom. Não é desejável. Você não merece viver". No entanto, reconheci que aqueles pensamentos eram mentiras e não estavam de acordo com a verdade de Deus. Em outros tempos, não havia o que fizesse aqueles pensamentos passarem, agora, eles eram banidos de minha mente quando eu orava. Os pensamentos mentirosos perderam a força, pois o Pai da Mentira não tinha mais poder sobre mim. A chave da Palavra de Deus ajudava-me a enxergar a verdade e firmar-me nela, e a chave da oração garantia que Deus me ajudaria a permanecer firme. A transformação de padrões de pensamento errados era um processo no qual eu precisava trabalhar diariamente, e levar minhas necessidades a Deus em oração era a chave para um dia tranqüilo e produtivo, repleto de vitórias.

Todas as manhãs, eu me colocava diante de Deus em oração e dizia: "Jesus, proclamo que tu és Senhor sobre minha vida e me entrego a ti neste dia. Ajuda-me a colocar todos os meus pensamentos sob teu senhorio". Então, fazia uma lista das necessidades específicas das quais eu queria que ele cuidasse naquela ocasião. Como resultado, vi as partes de minha vida que ainda estavam espalhadas aqui e ali começarem a se encaixar nos devidos lugares. Pela oração, minha vida não estava mais sujeita ao acaso.

Com a oração veio a chave da *confissão*. Aprendi que devo confessar diariamente todo o pecado em meu coração. Costumava considerar pecado apenas coisas como fumo, bebida, drogas, imoralidade sexual e coisas do gênero e, uma vez que não estava mais envolvida com nada disso e que não havia assassinado ninguém nem assaltado nenhum banco, não me considerava mais uma pecadora. Que engano! Descobri que "pecado" era um termo usado para descrever uma flecha que errava o alvo. Qualquer coisa que fugia do centro era pecado. Essa descoberta abriu meus olhos para um mundo inteiramente novo. Qualquer coisa aquém da vontade perfeita de Deus para minha vida era pecado. Diante disso, tinha muito o que confessar. Desde minha atitude crítica até a falta de amor-próprio, as mentiras "inofensivas", o egoísmo e muitas outras coisas que eu estava fazendo e que não havia percebido até então que eram erradas. Mais uma vez, orei como Davi: "Cria em mim um coração puro, ó Deus. Mostra-me o meu pecado e purifica-me de toda injustiça".

Aprendi que a raiva que guardava desde a infância era um pecado, apesar de ter começado quando eu era jovem demais para entendê-la e apesar de ter bons motivos para senti-la. O pecado nunca é justificado, não importa quem o comete ou que idade a pessoa tem. Deus nunca aprova o pecado, mas ele tomou providências para tratá-lo por meio de Jesus, e a chave para usar esse recurso é a confissão. Quando não usava minha chave da confissão, ficava amarrada pela culpa e me sentia infeliz. Por mais difícil que fosse, tinha de confessar meus pecados diariamente.

Por meio da confissão, conscientizei-me de minha inveja. Quando via mulheres bonitas e talentosas, me comparava imediatamente com elas e me considerava inferior. Comecei a ver isso como uma semente da inveja. Em segredo, eu desejava ter aquilo que elas tinham. Ao confessar esse pecado diante de Deus toda vez que o cometia, aos poucos comecei a me ver liberta desses sentimentos. Na verdade, cresci tanto nessa área que comecei a apreciar a beleza e o talento de outras mulheres da mesma forma como se admira qualquer outra parte da criação de Deus. Que alívio não me sentir mais ameaçada pelos dons de outra pessoa! Uma vez que essa barreira foi removida, os relacionamentos próximos desenvolveram-se com maior rapidez e facilidade.

Outra chave importante era o *perdão*. Perdoar outros, especialmente minha mãe, tornou-se algo com que tinha de lidar diariamente. Naquele dia no escritório de aconselhamento, declarei tê-la perdoado e pensei que tudo estivesse resolvido, até que me encontrei com ela outra vez. Todos os sentimentos de ódio, frustração, amargura e raiva voltaram à tona de uma só vez e, com eles, seus companheiros inseparáveis, o derrotismo e a baixa auto-estima.

"Deus, eu perdôo minha mãe", confessava diariamente, quer sentisse vontade, quer não. "Ajuda-me a perdoá-la completamente." Sabia, sem sombra de dúvida, que se alimentasse esse rancor, não teria a plenitude de vida e as bênçãos que Deus havia preparado para mim, e que a falta de perdão afetaria minha saúde. Sabia que não seria uma pessoa completa enquanto houvesse rancor em minha vida. Precisava continuar trabalhando nisso. Foi nesse tempo que aprendi que o perdão não justifica a outra pessoa, mas *liberta você*.

Deus foi fiel em responder à minha oração, e o perdão à minha mãe desenvolveu-se a tal ponto que consegui vê-la como Deus a havia criado para ser, e não como ela era. Vi como ela havia sido deformada pelos traumas da vida e como, da mesma forma que eu, havia sido vítima de seu passado. Só que ela nunca havia encontrado a saída. Toda vez que imaginava aquela menina de 11 anos que perdeu a mãe e sentiu-se responsável por isso, crendo que Deus a havia abandonado, sentia uma tristeza profunda. Chorava por sua vida e desejava que, de algum modo, as coisas tivessem sido diferentes. Eu a via com novos olhos e, em vez de odiá-la, sentia pena dela e orava para que fosse curada.

Li sobre doenças mentais e comecei a entender que o cérebro de minha mãe não funcionava como o cérebro de uma pessoa normal. Eu sabia disso fazia muito tempo, mas sempre a havia culpado por seus comportamentos. Finalmente, entendi que ela não podia fazer nada. Estava à mercê de padrões de pensamento desassociados e desorganizados que não faziam nenhum sentido. Seu comportamento ilógico e inapropriado, como rir quando eu me machucava ou se enfurecer quando eu limpava meu quarto, era normal para uma pessoa em seu estado. Havia ocorrido um curto-circuito em algum lugar. Tudo o que ela imaginava era completamente real para ela e comum em pessoas com esse tipo de doença. Sua mente não conseguia distinguir as coisas com clareza. Sentia pena dela e me arrependia das ocasiões em que havia zombado dela ou sido cruel com ela. Passei a respeitá-la pela forma como ela havia conduzido a vida, apesar de todos os obstáculos.

Minha capacidade de compreender essas informações sobre minha mãe estava diretamente ligada ao fato de ter tomado a decisão de perdoá-la. Mas além de me tornar uma pessoa mais compassiva, o perdão também permitiu que eu me lembrasse de coisas boas sobre minha mãe. Até então, meu ódio e rancor haviam banido quaisquer pensamentos agradáveis a respeito dela. Mas, agora, coisas que fazia muito tempo eu havia esquecido, ou nunca havia reconhecido, começaram a aparecer em minha memória.

Lembrei-me de mamãe fazendo panquecas para mim quando eu tinha três anos e de como sorriu e exclamou orgulhosa que eu havia comido cinco. Quando eu estava na terceira série, mamãe e tia Jean foram à cidade numa tarde quente e fizeram uma surpresa para minha classe na escola, levando sorvete para todas as crianças. Como fiquei orgulhosa naquele dia! Quando estava com nove anos, minha mãe fez uma festa de aniversário e convidou todas as meninas de minha classe. Serviu um jantar completo, com fatias de melancia, sorvete e bolo de sobremesa e, depois, ela e papai me levaram para jogar minigolfe. Éramos extremamente pobres e tudo aquilo deve ter lhes custado uma fortuna.

No dia em que completei doze anos, cheguei em casa sentindo pena de mim mesma porque ninguém havia lembrado. Quando entrei em meu quarto, vi que havia sido limpo e arrumado. Sobre a cama havia uma caixa com um conjunto de saia e blusa azul-turquesa lindo com o qual eu havia sonhado. Mamãe havia comprado para mim. No Natal, ela sempre fazia uma ceia e muitos doces e comprava presentes para a família. Podia ver, finalmente, que ela havia tentado tornar aquela época do ano especial, por mais difícil que fosse para ela. Minha mãe vivia provavelmente sob uma pressão tremenda, mas eu nunca havia conseguido enxergar sua infelicidade — apenas a minha.

Havia me esquecido desses acontecimentos, pois, logo depois de cada um deles, ela havia feito algo terrível. Mas, uma vez que todos os atos cruéis foram perdoados, pude concentrar-me nos gestos de bondade. Quanto alívio isso me trouxe e, junto com ele, um sentimento de realização! As memórias ruins começaram a diminuir e as boas a aumentar, em proporção direta com meu nível de perdão.

Eu regredia consideravelmente cada vez que me encontrava pessoalmente com minha mãe, pois, apesar de tê-la perdoado, seu ódio de mim aumentava com a progressão de sua doença mental. No entanto, com a prática, conseguia lidar com o problema cada vez mais rapidamente. O perdão tornou-se uma arte: quanto mais eu praticava, mais apta e mais livre eu me tornava.

Outra chave era *dizer sim para Deus*. Sempre que pensava que todos os meus problemas haviam sido resolvidos, via-me em outra encruzilhada. Sabia que Deus estava pedindo para eu me entregar e me comprometer com ele de forma ainda mais profunda. Quanto mais entendia o que havia sido realizado com a morte de Jesus na cruz, mais percebia que ele estava pedindo que eu pregasse partes de mim na cruz e deixasse que elas também morressem. Da mesma forma como eu havia abandonado meu cabelo tingido de loiro, a bebida, o cigarro e as drogas, agora eu precisava lhe entregar meus sonhos de tornar-me atriz ou alguém importante. Essas eram as coisas às quais eu havia associado minha identidade. Mas Deus queria que eu encontrasse minha identidade nele.

Quando criança, havia desejado ser atriz ou cantora — alguém que as pessoas amassem. Era a única maneira de ter algum valor para os outros. Deus estava me dizendo: "Você precisa saber que é extremamente preciosa para mim, quer tenha grandes realizações, quer não. Mesmo que você seja rejeitada aos olhos do mundo, tem grande valor para mim".

As coisas que eu desejava que Deus desenvolvesse dentro de mim só podiam acontecer mediante minha entrega. Como havia sido libertada das coisas maiores, Deus começou seu programa de limpeza. O excesso de bagagem precisava ser eliminado, e o peso maior era o do meu próprio ego. Todos os meus desejos de receber atenção, de ser alguém, de fazer algo grandioso deviam ser entregues a ele. Meus sonhos tinham de ser os sonhos *dele*, aqueles que *ele* colocaria em meu coração. Não podiam ser aqueles que eu julgava necessários para que outras pessoas gostassem de mim.

"Está bem, Senhor", disse finalmente com muita relutância. "Eu te entrego meu desejo de ser alguém importante ou de fazer algo relevante. Não vou mais considerar a falta de sucesso aos olhos do mundo como fracasso, pois tu me amas exatamente como sou." Parei com todos os programas de televisão e gravações nos estúdios de música. Dediquei-me exclusivamente a ir à igreja, cuidar de minha casa e meu marido e vi todos os meus sonhos serem despedaçados enquanto partes de mim morriam um pouco a cada dia. O processo de morte foi longo e doloroso.

Quase três anos depois, estava participando de um estudo bíblico na igreja com um grupo grande. Pouco antes de a última aula começar, o co-pastor, que também era nosso professor, veio me procurar e disse: — Tenho orado por você e sinto que Deus me mostrou que deve voltar a cantar.

— Ele mostrou? Eu devo? — exclamei, surpresa.

— Sim, ele quer libertar e curar outras pessoas por seu intermédio. Você deve dar testemunho daquilo que o Senhor fez por você e cantar aquilo que ele colocou em seu coração.

— Que coisa maravilhosa — respondi num misto de emoções. Estava ansiosa para servir a Deus, mas ainda me sentia extremamente incapaz.

— Quero que você comece hoje, cantando para o grupo.

— Como? — disse enquanto o misto de emoções transformava-se em puro e simples pânico. — Não posso cantar hoje à noite.

— Você sente em seu coração que Deus a chamou para ministrar a outros? — ele perguntou com firmeza.

— Sinto, mas pensei que teria mais tempo para me preparar.

— Nossos estudos bíblicos foram sobre o desenvolvimento de ministérios, e esta é a última aula do curso. Todos que estão aqui hoje são pessoas que amam você. Você precisa dar um passo de fé, e a hora é agora. Este será seu ponto de partida.

— Mas você não entende — continuei em tom de súplica. — Não posso cantar. Tenho um problema sério de fala e, quando fico nervosa, minha garganta fecha e perco a voz. É por isso que nunca canto sozinha e há muito tempo não canto nem com um grupo.

— Deus está pedindo que você se mostre disposta a falhar na frente de todas estas pessoas. Você está disposta a sacrificar seu orgulho e ser obediente a Deus?

— Orgulho? Eu? — protestei. — Eu fui humilhada a vida inteira. Sempre tive de lutar com uma auto-estima baixa. Como posso ser orgulhosa?

— Você é orgulhosa demais para falhar na frente dos outros. Você se preocupa demais com a opinião deles. Você tem se comparado com as outras pessoas há anos. Isso é orgulho, Stormie. Se você não cantar agora, estará cedendo a esse orgulho.

Por mais difícil que tenha sido ouvir aquelas palavras, reconheci que eram verdadeiras.

— O que eu devo cantar?

— Uma das canções que você escreveu — foi a resposta óbvia.

Eu podia ouvir meu coração batendo e sentir minhas pernas tremendo quando me levantei na frente das pessoas.

Lentamente, engoli meu orgulho, fechei os olhos e cantei *All the time in the world* (Todo o tempo do mundo). Minha garganta estava tão fechada e dolorida que mal consegui articular as palavras. Meu rosto estava quente e suado. Foi terrível e humilhante. Cantei tão mal quanto qualquer outra pessoa, mas quando terminei, todos na sala aplaudiram. Abri meus olhos e fiquei surpresa ao ver expressões de amor, apoio e carinho, e até algumas pessoas chorando. Por mais horrível que aquela experiência tenha sido, senti como se uma barreira tivesse sido rompida no âmbito espiritual.

Algumas semanas depois, comecei a receber convites para dar palestras e cantar, e ficou claro que Deus estava me chamando para o ministério público.

— Mas eu não canto — dizia às pessoas que telefonavam, pois queria que soubessem logo de minha dificuldade.

— Não há problema, nós queremos *você* — elas respondiam.

Depois de alguns meses explicando para as pessoas que eu não era uma cantora e que, por isso, não esperassem muita coisa de mim, Deus falou a meu coração, pedindo que eu não dissesse mais aquilo.

"Mas Deus, elas vão pensar que não sei que tenho problemas vocais e vão me julgar. Vai ser mortificante não poder explicar isso para ninguém."

"*Eu* decido quem é a cantora", ouvi Deus dizer. "A cantora é aquela pessoa em cujo coração eu coloco meu cântico. Pare de olhar para aquilo que os outros pensam e olhe para mim. Você não vai cantar para receber recompensas e elogios. Vai cantar para levar livramento àqueles que estão cativos e sofrendo como você estava."

Não via meio de fazer isso, mas logo percebi que só seria possível com a ajuda das chaves e com minha disposição de dizer sim para Deus e obedecer-lhe. Assim, a morte pela qual passei se tornou uma porta de entrada para a vida. E essa porta foi aberta pela chave de dizer sim para Deus.

Pouco tempo depois, Deus mostrou-me outra chave importante — *a chave do louvor e da adoração*. Essa chave abriria muitas portas, mas especialmente a do medo.

Sempre que sentia as paredes de minha vida se fechando ao redor e meu armário emocional se trancando, batia palmas, entoava cânticos e louvava ao Senhor em voz alta. Não parava enquanto as paredes não ruíssem, e a porta não se destrancasse. Sempre que via uma nuvem de depressão tentando descer sobre mim novamente, fazia a mesma coisa até a nuvem se dissipar. Quando ouvia as mentiras de meu passado gritando: "Você não vale nada, você nunca vai ser ninguém, nunca vai mudar", eu dizia: "Obrigada, Senhor, porque tu és o Deus Todo-Poderoso, tu reinas sobre minha vida e em meio a esta situação. Obrigada, Senhor, porque tu me amas e me criaste para viver com saúde, poder, vitória, alegria e paz. Obrigada porque em meio à minha fraqueza, tu és forte". E assim eu continuava até o medo desaparecer.

Meu marido e eu gravamos alguns discos juntos. Nos dois primeiros, *White horse* e *Adam again*, ele fez os solos e eu fiz o acompanhamento vocal e escrevi todas as letras. Mas nos três seguintes, *Seasons of the soul*, *The builder* e *Mainstream*, ele insistiu para que eu fizesse um solo ou dueto com ele em algumas das canções.

Essas gravações, bem com as apresentações ao vivo que fazíamos juntos, e minhas palestras eram extremamente assustadoras. O único meio de fazer tudo isso era o louvor. Toda vez que o medo aparecia, começava a agradecer a Deus por aquilo que ele havia feito em minha vida e pela voz que ele *havia* me concedido. Houve muitos momentos de fraqueza em que eu me esqueci de louvar e deixei o medo tomar conta. Mas, cada vez mais, experimentei sucesso nessa área e vi minhas circunstâncias serem transformadas. O louvor foi a chave que me fez atravessar as situações impossíveis de minha vida.

Outra chave era o *jejum*, que comecei a praticar com regularidade. Como resultado, experimentei uma libertação contínua. Toda vez que jejuava, sentia que Deus estava me cobrindo de óleo para que eu escorregasse das garras do Diabo. Deus era tudo, e nada mais podia me dominar. Cada vez que negava a mim mesma, recebia mais de Jesus, e mais de Jesus significava mais paz, amor e plenitude. Como o restante da igreja, jejuava e orava todas as quartas-feiras. Mas, várias vezes por ano, quando sentia a necessidade de uma purificação espiritual e física profunda, fazia um jejum de três dias. Os benefícios eram muito maiores do que quaisquer desconfortos ou inconveniências, de modo que ansiava pelo próximo período de jejum.

Ao usar todas as chaves que Deus havia me concedido, comecei a viver mais como uma pessoa normal. Podia ver o caminho para a plenitude. As chaves eram tão eficazes que eu queria aprender cada vez mais de Deus. Pelo jeito, Deus também estava ansioso para me ensinar, pois entrei numa fase de renovação espiritual que teve aplicações práticas inesperadas em minha vida.

12

Seguindo as regras

"POR QUE VOCÊS ME CHAMAM 'Senhor, Senhor' e não fazem o que eu digo?"[1] As palavras de Jesus na Bíblia tocaram meu coração com a impressão clara de que precisava fazer mais na área da obediência a Deus. "Se alguém me ama, obedecerá à minha palavra. Meu Pai o amará, nós viremos a ele e faremos morada nele".[2] Ficou evidente que havia uma ligação entre a presença de Deus e a obediência. Não queria que nada em minha vida me separasse da presença de Deus, de modo que me dediquei a estudar a Palavra de Deus mais a fundo para entender melhor seus preceitos. O que me levou a essa busca não foi culpa, mas uma convicção profunda e um desejo de ser tudo o que Deus me criou para ser.

Ao estudar a Bíblia, a convicção de meus erros tornou-se cada vez mais intensa. Quantas vezes em meu passado não havia suplicado para que Deus fizesse aquilo que eu queria, sem me importar em perguntar o que ele queria que *eu* fizesse? Com quanta freqüência não havia ficado com raiva de Deus por ele não me conceder o que eu desejava, sem nunca me ocorrer que deveria descobrir aquilo que *ele* desejava? Li nas Escrituras: "Nenhum atleta é coroado como vencedor, se não competir de acordo com

[1] Lucas 6:46.

[2] João 14:23.

as regras".[3] Que tolice a minha exigir que Deus me deixasse vencer no jogo da vida enquanto eu me recusava a seguir as regras! Quanto maior meu compromisso de viver à maneira de Deus, mais eu via que a maneira como estava vivendo até então não lhe agradava. Havia certos passos de obediência que eu precisava seguir. Deus havia me aceitado como eu era, mas não desejava me manter desse jeito. Uma a uma, ele trouxe à tona coisas dentro de mim das quais precisava me livrar, e em geral ele não precisava procurar muito.

Havia algum tempo, vinha me sentindo incomodada com alguns objetos em nossa casa. Certa manhã, li um versículo que dizia: "Não levem coisa alguma que seja detestável para dentro de casa, se não também vocês serão separados para a destruição",[4] e soube que havia chegado o dia da "faxina geral". Procurei e destruí todas as "coisas detestáveis" que havia trazido para dentro de nosso lar. Vasculhei todos os cantos da casa e joguei fora tudo o que não era de Deus ou mesmo que era de natureza questionável. Uns sessenta ou setenta livros de capa dura caros sobre ocultismo foram para o lixo, junto com pinturas, esculturas, decorações, bandejas pintadas à mão e uma série de artefatos diversos que exaltavam outros deuses. Livrei-me até de coisas que, em si mesmas, não tinham nenhum significado, mas que me lembravam de meu primeiro casamento, de um namorado antigo, ou de uma época infeliz de minha vida. Essas coisas eu *doei* para outras pessoas que não tinham nenhuma ligação negativa com elas, pois poderiam usá-las.

Lá se foram as fitas e discos repletos de músicas cujas letras não agradavam a Deus. Também se foram as revistas e os romances que exaltavam estilos de vida e padrões contrários aos caminhos de

[3] 2Timóteo 2:5.

[4] Deuteronômio 7:26.

Deus. Para quem não entendia o que eu estava fazendo, tudo aquilo podia parecer uma caça às bruxas, mas não era. Antes, era uma decisão racional de me livrar de qualquer coisa que me separava de Deus. Havia experimentado o suficiente das bênçãos de Deus para saber que queria *tudo* o que ele tinha para mim. Quando terminei a faxina, me senti tão leve, limpa e alegre que mal podia me conter.

Como eu e minha casa haviam nascido de novo, decidi que era hora de fazer o mesmo com meu guarda-roupa. Joguei fora calças e suéteres justos, vestidos decotados e todo tipo de roupa *sexy* que não era apropriado para a filha de um rei ou para glorificar o Deus do universo. Lembrei-me, admirada, de usar aquelas roupas para ir à igreja e de nunca ter recebido nenhum olhar de condenação do pastor Jack ou de sua esposa, Anna. Eles nunca me fizeram sentir como se eu fosse inferior a qualquer outra pessoa, apesar de eu certamente ter apresentado motivos para isso. Quando aparecia atrasada para o culto, vestindo *jeans* justos e miniblusas, sem maquiagem e com o cabelo despenteado, eles sempre me recebiam como se eu fosse um visitante ilustre. Aceitavam-me como Deus me aceitava — do jeito que eu era. E seu amor teve um papel importante em minha cura e auto-aceitação. Mas, como Deus, eles queriam me ver crescendo no Senhor e, também como Deus, eles o faziam com amor, e não com condenação.

Ao jogar fora as roupas, livros, revistas, discos e objetos de arte, entendi que precisava fazer o mesmo com certos costumes e relacionamentos. Parei de assistir a certos programas de televisão e tornei-me extremamente seletiva com os filmes que ia ver no cinema. Encher minha mente com violência, linguagem vulgar, uso desrespeitoso do nome de Deus e atos sexuais de outras pessoas não me fazia sentir bem em meu espírito e sabia que também não era agradável ao Espírito de Deus. De acordo com a Bíblia, eu era o templo do Espírito de Deus, então como podia desfrutar a plenitude de sua presença se tantas coisas contrárias a seus caminhos estavam ocupando a maior parte do espaço em minha vida? Ao me separar dessas coisas, passei a me sentir cada vez mais realizada e feliz.

Aos poucos, percebi que alguns de meus amigos incrédulos exerciam uma influência negativa sobre mim. Possuíam um poder de atração que tentava me afastar de todas as coisas do Senhor e me arrastar de volta para minha antiga vida. Apesar de eu ainda gostar daquelas pessoas, sabia que precisava me afastar delas. O método que usei para lidar com essas amizades foi bastante simples. Só precisei lhes falar de minha nova vida em Jesus e convidá-los a compartilhar dessa vida. Aqueles que aceitaram o convite continuaram amigos, e aqueles que recusaram não demoraram a desaparecer.

Parte da "faxina espiritual" aconteceu sem que eu tivesse de fazer qualquer coisa. Um dia, acordei e dei-me conta de que meu medo de facas havia desaparecido. Não sabia como isso tinha acontecido, mas imaginei que a explicação estava na promessa de Deus na Bíblia que diz: "O perfeito amor expulsa o medo".[5] Também diz que "se alguém obedece à sua palavra, nele verdadeiramente o amor de Deus está aperfeiçoado".[6]

Pude perceber uma relação clara entre obedecer e receber o amor de Deus. Com minha obediência, podia receber mais do amor de Deus. Esse amor, por sua vez, expulsava todos os meus medos. A maior ilustração disso foi o desaparecimento total de meu medo de facas, sem que eu nem mesmo notasse. Recebi libertação pelo simples fato de estar na presença de Deus.

[5] 1João 4:18.

[6] 1João 2:5.

Pelos passos de obediência, comecei a ver as coisas com maior clareza. Identifiquei os espíritos ocultos com os quais havia me associado como os mesmos espíritos que haviam inspirado os assassinatos de Sharon Tate e seus amigos. Eu havia me *sentido* associada ao mal, pois *estava* associada a ele no âmbito espiritual.

Pela primeira vez, considerei o aborto aquilo que era de fato — o ato de tirar a vida de um ser humano. Aquilo que antes nunca havia passado por minha cabeça manifestou-se como uma convicção plena do erro. Lembrei-me de minha tentativa infeliz de negociar com Deus depois do primeiro aborto: "Por favor, me ajude a sobreviver a isso tudo e serei uma boa pessoa". Que piada! Eu nem sabia o que significava ser boa, e mesmo que soubesse, sem Jesus e o poder do Espírito Santo, jamais seria capaz de cumprir essa promessa.

Na época em que fiz os abortos, estava convencida de que a alma e o espírito do bebê só entravam em seu corpo no momento do nascimento. Era uma teoria que eu havia ouvido na época e na qual havia acreditado. Nunca me ocorreu que eu estava tirando a vida de outra pessoa. "Não é um ser humano", eu racionalizava, "mas apenas uma porção de células". Como acreditava nisso, senti pouca culpa consciente por aquilo que havia feito. No entanto, isso não tornou meus atos menos errados nem as conseqüências menos devastadoras. Apesar de ter confessado esses pecados anteriormente e de ter sido libertada da culpa, ainda me faltava uma compreensão mais plena da séria transgressão dos preceitos de Deus. Ao ler as Escrituras, tornou-se claro que os propósitos e planos de Deus para aquele indivíduo haviam sido definidos no momento da concepção. Quer fosse legalmente permitido, quer não, quer eu tivesse sentido culpa, quer não, o fato era o mesmo: eu havia destruído uma vida na qual Deus havia colocado dons, talentos e propósitos. Aquela morte manifestou-se em minha própria vida, em meu sentimento de que eu mesma estava morrendo um pouco a cada dia. Quando fiz os abortos, pensei que estava salvando minha própria vida, mas na verdade estava subtraindo dela. Essa morte lenta continuou até que rompi com suas correntes pela confissão e libertação.

Ao conhecer melhor os caminhos de Deus e tornar-me mais obediente às suas regras, compreendi que todas as regras e mandamentos foram instituídos por Deus, visando a nosso próprio bem. Seu objetivo não era nos tornar infelizes ou acabar com nossa diversão, mas sim nos levar a um nível mais elevado de realização. Deus definiu certas regras básicas porque sabia que, desse modo, poderíamos vencer o jogo.

Cada novo passo de obediência que eu tomava também trazia consigo mais saúde. Comecei a ganhar um pouco de peso, o que tornou mais atraente a minha constituição física extremamente magra. Senti mais facilidade em comer e me exercitar da forma como devia e, como resultado, minha pele ficou mais saudável e meus cabelos pararam de cair. Minha saúde melhorou em todos os sentidos. A preocupação de Deus envolveu minha pessoa como um todo, e sua cura e restauração estenderam-se a todos os níveis de meu ser.

O resultado mais espantoso de minha obediência aos caminhos de Deus foi como minha saúde emocional desenvolveu-se. Essas duas coisas estão ligadas. É claro, ninguém pode ser perfeito, mas não se tratava de perfeição; era uma questão do coração e da vontade — do coração que diz: "Eu te amo, Senhor, e amo tuas leis", e da vontade que diz: "Eu *escolho* andar em teus caminhos". Essa atitude do coração e decisão da vontade permitiram que o Espírito me tornasse obediente. Ele me *capacitou* a fazer o que era certo.

Como Deus é bom! Ele concede generosamente seu amor, sua presença, sua cura, sua libertação e sua restauração emocional a todos aqueles que estão dispostos a seguir as regras que estabeleceu.

13

Face a face com o abuso

FIQUEI CHOCADA por não engravidar logo depois que Michael e eu decidimos ter nosso primeiro filho. Diante de minhas experiências passadas, pensei que não seria problema. Mas, à medida que os meses foram passando, cresceu meu medo de que estava pagando o preço pelos abortos que havia feito. Uma vez que ainda não entendia plenamente a misericórdia e a graça de Deus, não podia compreender um amor que ia além de meus erros e restaurava tudo o que havia sido perdido. Também não podia imaginar um Deus que não me aplicaria o castigo merecido.

Havia vários meses, Michael estava em aconselhamento para superar seu medo de viajar. Não era um medo de acidentes de avião, mas sim uma ansiedade intensa que sentia quando estava longe da segurança e familiaridade do lar. Ele sabia que precisava se livrar disso e estava concentrando seus esforços nesse problema específico. Assim, o fato de eu ainda não ter engravidado não o preocupava tanto quanto a mim.

Certo dia, estava orando mais uma vez para ter um filho quando Deus falou claramente ao meu coração: "Você vai ter um menino e ele será concebido em Jerusalém".

Balancei a cabeça, bati nos ouvidos e perguntei: "Será que você poderia repetir isso, por favor?". Não houve repetição, mas as primeiras palavras ainda ecoavam em minha cabeça.

"É claro que eu estou inventando isso", pensei. "No entanto, por que eu imaginaria alguma coisa tão absurda?" Pensei no assunto durante algumas semanas e, depois, coloquei-o de lado.

Alguns meses depois, voltei de uma reunião da igreja com um folheto que o pastor Jack havia entregado a nosso grupo de estudo bíblico. Era sobre uma viagem que ele e a Anna estavam programando para a Terra Santa. Estavam convidando trinta pessoas para se juntarem a eles, e os interessados deveriam se inscrever o mais rápido possível. Comentei por alto com Michael como seria divertido, ao que ele retrucou, sem pestanejar:

— Então vamos.

— Vamos aonde? — perguntei, sem esperar uma resposta séria.

— Vamos visitar a Terra Santa com o pastor Jack e Anna.

— O quê? — exclamei. — Você deve estar brincando! Não gosta nem de viajar de carro e passar a noite em San Diego, quanto mais pegar um avião para o outro lado do mundo e ficar três semanas fora de casa. Você está brincando, não é?

Ele estava falando sério, e, ao longo das próximas semanas, nos preparamos para a viagem. Passei as duas semanas antes da data de partida com uma infecção no pulmão. Pensamos que não conseguiríamos viajar, mas me recuperei em tempo e lá fomos nós.

No começo da viagem, Michael conseguiu lidar bem com sua ansiedade, mas no quarto dia começou a sentir-se extremamente mal. Uma noite, ele chegou ao limite e disse:

— Não vou conseguir. Você se importa se voltarmos para casa?

— Não — respondi, preocupada. — Faça como você achar melhor, mas precisamos ligar para o pastor Jack. Não podemos ir embora sem ouvir o que ele tem a dizer.

Ficamos na dúvida se deveríamos telefonar para o pastor, pois já era quase meia-noite e a programação diária era exaustiva, mas

Michael estava decidido a pegar o primeiro vôo de volta. O pastor Jack foi até nosso quarto imediatamente, conversou um bom tempo com Michael e orou para que ele fosse libertado do medo e da insegurança que o estavam atormentando. Abraçou Michael como um pai abraça um filho enquanto Michael chorava. Testemunhei o amor de Deus operando por intermédio de um pastor compassivo e um filho obediente e vi a libertação e cura resultantes na vida de meu marido.

Resolvemos ficar, e Michael passou por uma mudança completa. Cinco dias depois, finalmente tivemos um dia livre em Jerusalém e, por causa da programação cheia, foi a primeira oportunidade que Michael e eu tivemos de passar mais tempo sozinhos. Depois daquele dia, voltamos ao esquema intensivo de passeios. Acordávamos antes do amanhecer, fazíamos mil coisas durante o dia e, à noite, dormíamos assim que voltávamos para o hotel.

Quando chegamos ao mar da Galiléia, comecei a me sentir mal. Tinha tontura e náuseas todos os dias e não conseguia manter nenhum alimento no estômago. Com o passar dos dias, fui ficando cada vez pior, mas não conseguimos antecipar nosso vôo de Israel para a Califórnia. A única solução foi me enviar para Tel-Aviv, onde poderia esperar no hotel até que o resto do grupo fosse para lá.

Quando finalmente saímos de Tel-Aviv, nosso avião teve de fazer uma escala de emergência em Paris por motivos técnicos. Lá, fui levada para o hospital e recebi uma injeção para controlar a náusea e o vômito e evitar a desidratação até que chegássemos à Califórnia. Ainda assim, o vôo de volta foi terrível. Estava me sentindo tão mal que todos, inclusive eu, pensaram que era uma intoxicação alimentar grave.

Não me ocorreu que eu estivesse grávida, pois eu havia associado o mal-estar intenso de minhas duas primeiras gestações à rejeição psicológica que sentia delas. Mas, uma vez que chegamos à Califórnia, não demoramos a ficar sabendo que, de fato, eu estava esperando um bebê e que todos aqueles sintomas durante a gestação eram hereditários.

Lembrei-me, assustada, de todas as conversas que havia ouvido durante anos sobre como minha avó tinha morrido durante o parto. As palavras de minha mãe: "Depois que seus filhos nascem, você não tem mais vida própria", repetiam-se em minha mente. Estava com medo da náusea violenta e da dor que sentia por todo o corpo dia e noite; temia morrer durante o parto como minha avó, que não tivesse mais vida própria, como minha mãe costumava dizer.

Não foi fácil interpretar a reação de mamãe à minha gravidez. Ela estava mais preocupada com as pessoas que continuavam a segui-la. Contou-nos que o presidente dos Estados Unidos a havia colocado sob vigilância e que seria morta pelos comunistas porque sabia demais. Em algumas ocasiões ela parecia tão normal, e sua história era tão convincente que eu imaginava: "Como seria se descobríssemos que ela estava dizendo a verdade o tempo todo e nenhum de nós acreditava?". Mas logo ela se traía, dizendo que Frank Sinatra e o Papa estavam conspirando para assassiná-la. É difícil dizer ao certo, mas creio que, se eu estivesse convencida de que tantas pessoas estavam tentando me matar, também ficaria mais preocupada com isso do que com o fato de meu primeiro neto estar a caminho. De qualquer modo, fiquei decepcionada por ela parecer não se importar.

Meu pai, no entanto, ficou extremamente empolgado, mas também preocupado. Eu continuava passando mal e, no final do quarto mês, havia perdido quase seis quilos. Como eu já era magra antes de engravidar, essa perda de peso me deixou com uma aparência assustadora. Papai sabia bem do histórico de complicações durante a gestação em nossa família e sua preocupação era evidente.

Telefonei para Sara Anne para conversar sobre esse problema. Sabia que precisava me livrar do medo e pensei que talvez ele fosse a causa da náusea e da dor. Ela me lembrou que eu não era minha avó e que estávamos vivendo em outros tempos e, portanto, eu não morreria durante o parto. Também me mostrou que as palavras que eu havia ouvido de minha mãe sobre o assunto eram um reflexo de seus próprios sentimentos e completamente contrárias à Palavra de Deus, que dizia que os filhos são uma dádiva e uma bênção do Senhor. Então ela orou por mim, pedindo que eu fosse libertada do medo. Enquanto ela orava, senti um peso ser removido. Infelizmente, porém, a náusea e a dor continuaram.

Ao perceber que nada aliviava os sintomas, comecei a ficar cada vez mais preocupada com a possibilidade de abortar. Certa noite, quando clamava a Deus sobre isso, as palavras que ele colocara em meu coração quase seis meses antes me vieram à memória: "Você terá um menino e ele será concebido em Jerusalém".

Fiz uma retrospectiva. O bebê só podia ter sido concebido naquele dia livre que passamos em Jerusalém. Primeiro, tive a infecção pulmonar, e, depois, Michael e eu estávamos cansados demais por causa da programação intensiva da viagem. Quando juntei todos os fatos, não pude deixar de me espantar. "Deus", eu disse, revelando minha fé ainda pequena, "se este bebê for um menino, saberei que aquelas palavras vieram mesmo de ti".

Quando contei a Michael o que Deus havia falado a meu coração, ele ficou aliviado. Ao longo dos meses difíceis de gestação que seguiram, me apeguei às palavras de Deus, repetindo para mim mesma com freqüência: "Esta gestação foi determinada por Deus, e ele fará esta criança nascer".

Quatro semanas antes do planejado, entrei em trabalho de parto. O bebê estava virado de lado, de modo que foi necessário realizar uma cesariana de emergência. Ficamos todos assustados, mas continuei a ouvir as palavras de Deus repetidamente. Conforme o previsto, um menino saudável nasceu em 25 de junho de 1976 — exatamente no aniversário do pastor Jack! Christopher Scott Omartian foi o suvenir mais inesquecível que trouxemos da Terra Santa.

Assim que voltei para casa com o bebê, sentimentos que eu acreditava estarem mortos começaram a vir à tona. Toda a raiva e o ódio que havia sentido de minha mãe voltaram com força total. Olhava para meu garotinho lindo e pensava: "Como alguém poderia tratar uma criança tão preciosa como a minha mãe me tratou?".

"Deus, por que estou sentindo tudo isso?", perguntei. "Será que não a perdoei?" Não percebi que, quando Deus começa uma obra, ele a aperfeiçoa continuamente. Todos esses sentimentos negativos estavam vindo à tona porque Deus queria me conduzir a outro nível de libertação. Sentia como se estivesse andando para trás, como se houvesse perdido a libertação que já havia recebido. Mas a verdade de Deus era que, enquanto eu o seguisse, ele me conduziria "de glória em glória"[1] e "de força em força".[2] Deus desejava me conceder mais liberdade do que nunca nessa área, e aquele era o momento de eu recebê-la. Eu não fazia idéia da existência daquilo que veio à tona. Somente ao ter meu próprio filho é que essas coisas puderam vir à luz.

Havia tomado o firme propósito de ser uma boa mãe — aliás, a melhor mãe possível. Afinal, estava mais do que ciente dos perigos

[1] 2Coríntios 3:18 (ARA).

[2] Salmos 84:7.

de uma criação problemática. "Eu nunca serei como minha mãe", dizia a mim mesma cheia de orgulho. "Meu filho receberá a melhor criação que eu puder lhe dar."

Certa noite, quando Christopher tinha apenas alguns meses, eu não conseguia fazê-lo parar de chorar. Michael ainda não havia voltado do trabalho, e eu estava sozinha em casa. Tentei amamentá-lo, mas não adiantou nada. Troquei as fraldas, coloquei roupas mais quentes nele, depois roupas mais frescas. Embalei-o em meus braços e fiz tudo o que podia para confortá-lo, mas sem efeito. Ele gritava ainda mais, e quase comecei a chorar junto com ele.

A frustração foi crescendo e, por fim, cheguei ao limite e perdi o controle. Dei um tapa nas costas de meu bebê, depois outro no ombro e outro na cabeça. Podia ouvir meu coração batendo furiosamente, meu rosto ardendo, meus olhos cegados pelas lágrimas e minha respiração ficando cada vez mais difícil. Estava descontrolada.

Os gritos do bebê transformaram-se repentinamente numa rejeição a mim. "Meu filho não me quer porque eu não sou uma boa mãe", foi a mentira que ouvi em minha cabeça. Como a rejeição era algo que me afetava tão profundamente, o efeito daquela idéia foi ainda mais intenso.

"Pare de chorar!", eu gritava para ele. "Pare de chorar!".

Percebi que estava a um passo de jogá-lo do outro lado do quarto. A energia dentro de mim não tinha limites, e sabia que, se me entregasse àquele impulso, poderia machucar meu bebê seriamente, talvez até matá-lo.

A única opção era me afastar dele. Coloquei-o no berço, corri para meu quarto e ajoelhei-me perto da cama. "Senhor, ajuda-me!", clamei. "Há algo horrível dentro de mim. Remove este sentimento, Deus. Não sei o que é. Não entendo. Eu amo meu bebê mais do que tudo no mundo. Como é possível uma mãe machucar o filho que ela ama? Por favor, Deus, seja lá o que for que estiver de errado comigo, me ajude", orei aos prantos.

Passei quase uma hora ajoelhada diante de Deus. Por fim, os gritos do bebê acalmaram-se. Ele havia chorado até cair no sono.

Michael chegou em casa antes de o bebê acordar de novo, mas eu não lhe contei nada. Não podia. Não sabia o que dizer. Era vergonhoso demais até mesmo pensar no que eu havia feito, quanto mais contar para meu marido. Quando o bebê acordou, parecia bem. Agiu como se nada tivesse acontecido, e eu fiz o mesmo.

Quatro ou cinco dias depois, o episódio repetiu-se — o bebê começou a chorar, vieram os sentimentos de rejeição, algo se rompeu dentro de mim, perdi o controle de minhas emoções e senti o desejo de bater nele repetidamente, mas me segurei a tempo. Coloquei o bebê no berço e fui para meu quarto, onde me ajoelhei diante de Deus e chorei pedindo seu perdão e socorro.

Fui tomada de culpa. Era uma péssima mãe. Todas as minhas boas intenções haviam se derretido no fogo da raiva que ardia dentro de mim. Mais uma vez, permaneci ajoelhada até não sentir mais o poder daquele sentimento intenso me dominar e experimentar o perdão de Deus levando embora minha culpa. O amor de Deus sustentou-me em meio à solidão terrível que senti por causa daquele segredo que não podia revelar a ninguém.

Nas semanas que seguiram, comecei a compreender, em parte, o que estava acontecendo e a razão de tudo aquilo. O abuso foi ganhando feições claras. A vida toda eu havia olhado para minha situação do ponto de vista da vítima do abuso. Foi um choque descobrir que, dentro de mim, existia o potencial para ser a *abusadora*. Era algo que havia sido colocado ali em minha infância. Havia visto aquele comportamento violento e descontrolado antes — em minha mãe. Sabia que o objeto de meu ódio não era meu filho, mas eu mesma. Também entendi que não era a *mim* que minha mãe odiava; ela odiava a si mesma. Minha compaixão por ela cresceu.

Acabei confessando tudo isso a meu marido e, para meu alívio, ele não ficou horrorizado. Sem dúvida ficou surpreso, mas não se mostrou temeroso nem me rejeitou de nenhuma forma. Ofereceu-se para orar comigo sempre que eu precisasse e acrescentou:

— Para dizer a verdade, eu também fico irritado quando o bebê não pára de chorar.

— É mais do que isso — tentei explicar. — Entre os períodos em que perco o controle, creio que também sinto irritação e frustração normais. Mas estou falando de algo diferente, desproporcional em relação ao problema. É uma energia que tem um tipo de prazer em machucar e não se satisfaz enquanto não causar dor. Em sua forma extrema, é a mesma energia que leva alguém a se tornar um assassino em série, um estuprador, ou a cometer outros atos de violência. A meu ver, quanto mais abusiva e violenta a infância, mais sérios são os estragos que essa energia pode causar.

Com o apoio de Michael, telefonei para Sara Anne e lhe contei o que estava acontecendo. Ela orou comigo e concordamos que, desde que o bebê estivesse seguro, eu tinha maturidade suficiente para lidar com o problema diretamente com Deus. Ela explicou que a libertação não seria imediata. Seria um processo lento, que se desenrolaria passo a passo.

Sara Anne estava absolutamente certa. O processo de cura de minhas tendências abusivas foi longo e lento. Orei sobre isso quase todos os dias ao longo dos anos subseqüentes e, no meio disso tudo, o Senhor me mostrou o quanto ele me amava.

A princípio, fiquei chocada ao encontrar essa tendência ao abuso em minha personalidade. Estava diante de algo que, na época, ainda não era muito bem compreendido. Sempre havia imaginado aqueles que abusavam de crianças como pessoas repugnantes, insensíveis, ignorantes e desprezíveis. Ao olhar para a imagem que tinha delas e depois para mim mesma, sentia que não me encaixava em nenhuma dessas categorias. Meu marido e eu tínhamos um ministério com música, ocupávamos cargos de liderança na igreja e dirigíamos um grupo de oração que se reunia em nossa casa. Ninguém poderia imaginar que eu estava lutando com esse problema. Será que todos os pais abusivos também haviam sofrido algum tipo de abuso no passado? O que dizer, então, de minha mãe? Não era o caso dela. Ao pesquisar sobre o assunto, descobri que outros fatores precisavam ser levados em consideração.

As pessoas que abusam dos filhos têm necessidades emocionais que nunca foram supridas. Uma criança precisa de amor e afeição, pois, sem isso, ela não se desenvolve emocionalmente e se torna deficiente nessa área. Quer seja por trauma, falta de amor, quer por abuso verbal, físico ou sexual, as emoções não atingem a maturidade. No fundo, todo abusador é uma criança que precisa ser amada a fim de encontrar a cura. Minha mãe não havia sofrido abuso, mas, por causa dos grandes traumas e tragédias que havia enfrentado, sentia-se rejeitada e não amada. Quer a rejeição e a falta de amor tenham sido reais, quer imaginárias, ela sofreu as mesmas conseqüências.

Essas descobertas fizeram nascer em mim uma compaixão maior por pais abusivos. Como eu, eles se encontravam presos numa armadilha. Uma vez iniciado, se ninguém o detiver, o abuso pode passar de uma geração para outra. Sabia que o poder de Deus era a única coisa que podia detê-lo. Felizmente, apesar de todos os sentimentos intensos de raiva, a cura que eu havia experimentado me permitiu parar antes de abusar, de fato, de meu filho. Sem isso, eu também teria me tornado uma mãe abusiva.

Quando Christopher estava com três anos e meio, escrevi uma canção chamada *Três e meio*. Era a oração que fazia repetidamente em seus primeiros anos de vida. Clamava desesperadamente ao Senhor todos os dias para me ajudar a criar meu filho, pois sabia que não era capaz de fazer isso sozinha. Aquele garotinho era o presente mais maravilhoso que Deus havia me concedido, e a idéia de fazer-lhe algum mal era insuportavelmente dolorosa. Assim, eu orava sem cessar: "Deus, não permita que Christopher sofra como sofri. Não permita que lhe falte amor ou que ele seja rejeitado como fui. Não permita que eu lhe cause qualquer tipo de mal".

Depois que terminei de escrever a canção, levei meses para conseguir cantá-la sem chorar. Quando finalmente consegui falar sobre o que havia acontecido e cantar essa canção em público, tive certeza de que havia sido curada. Quando a cantei pela primeira vez durante uma apresentação, a multidão calou-se assim que comecei:

> Só três anos e meio,
> E já sabe me tirar do sério pra valer.
> Só três anos e meio...
> Quando tiver vinte e quatro, o que você vai ser?
> Um homem de grande sucesso,
> Ou mais alguém lutando pela sobrevivência
> Vai conduzir outros
> E seguir sua consciência?

Quero que conheça o amor que não conheci.
Não quero que percorra os caminhos que percorri.

Senhor, não permitas que eu ponha tudo a perder
Com minhas falhas e fragilidades.
Não permitas que este pedaço perfeito de barro
Eu transforme numa monstruosidade.
Seria algo fácil de acontecer,
A menos que tu tires o que há dentro de mim.
E, no lugar, coloques o teu Ser.

Só três anos e meio,
Cabelos encaracolados que nunca esqueço.
Só três anos e meio,
Com olhos que desejam confiar em meu apreço.
Ao prepará-lo para voar com suas próprias asas,
Posso ver as possibilidades
Do bem, do mal, do amor, do medo, de tantas
outras coisas.

Não quero que ele sinta a dor que me afligiu.
Não quero que ele chore mais lágrimas do que lhe cabem.

Aquilo que tu me ensinaste, Senhor,
Ajudá-me a lhe ensinar.
Mostra-me como a ele guiar
e quando deixá-lo partir.
Dá-lhe o tempo certo para te aceitar
E um lugar em teu reino
Para quando o tempo dele aqui findar.

Às vezes, Senhor, acho que está próximo
O meu anoitecer,
Mas para ele, só três anos e meio,
O sol ainda está para nascer.[3]

Não estava preparada para a reação do público. Depois da apresentação, fui abordada por dezenas de pessoas que haviam passado por experiências semelhantes. Não fazia idéia como era grande a necessidade de cura emocional para aqueles que haviam sido magoados na infância, e também para os que estavam levando a tradição adiante e fazendo o mesmo com seus filhos. Deparei-me com a mesma reação em todo lugar que apresentei essa canção. Recebi centenas de cartas com pedidos de ajuda de pessoas que haviam sido vítimas no passado e agora estavam presas em suas circunstâncias presentes, sem vislumbre de esperança para o futuro.

"Se recebi libertação e cura, você também pode receber", eu lhes dizia. "Você *pode* se libertar do passado e do poder que ele exerce sobre você. Tudo *pode* ser diferente, mas as coisas só mudam por intermédio de Jesus. A Bíblia diz: 'Do Senhor vem o livramento'.[4] É ele quem liberta e quem cura. Sem ele, eu não teria recebido uma nova vida."

E explicava: "Para mim, o processo aconteceu dedicando tempo na presença de Deus. Ele pede que façamos dele o centro de nossa vida e busquemos sua presença continuamente. Quando fazemos isso, sua presença supre todas as nossas necessidades. Em

[3] *Half past three.* Letra de Stormie Omartian. Música de Michael Omartian. Copyright © 1980 por See This House Music e Word Music (Divisão de WORD, INC.). Todos os direitos reservados. Copyright internacional. Usado com permissão.

[4] Salmos 3:8.

sua presença, há libertação, pois a Bíblia diz: 'Onde está o Espírito do Senhor, ali há liberdade'.[5] A Bíblia também diz: 'Ele liberta os pobres que pedem socorro, os oprimidos que não têm quem os ajude'.[6] Pelo simples ato de clamar repetidamente a Deus, ele supriu todas as minhas necessidades em cada circunstância. Ele está perto daqueles que não têm um conselheiro, que não têm com quem conversar, que não têm ninguém que entenda".

As pessoas me perguntavam: "Por que levou três anos e meio?".

"A libertação das tendências abusivas levou tempo porque eu precisava aprender a pensar de outra forma", explicava. "Precisava aprender a buscar a presença de Deus *antes* de sair à procura de qualquer outra solução. Quando eu não entendia alguma coisa, pedia que ele me desse entendimento. Quando eu não tinha respostas, pedia que ele as revelasse. Quando ficava confusa, pedia que me concedesse clareza. Era uma *prática* de vida que precisava se transformar num *modo* de vida. É bom procurar aconselhamento, mas ninguém passa vinte e quatro horas no escritório do conselheiro. Precisamos conhecer melhor *o* Conselheiro. Assim, quando não sei o que fazer, busco a presença de Deus em oração e adoração", aconselhava. "Passe tempo com ele e deixe que o amor dele restaure sua vida."

Eu ria de mim mesma pela forma tranqüila como aconselhava as pessoas. Meu processo de cura foi "gradativo", mas, para mim, pareceu "interminável". Minha primeira libertação da depressão suicida e dos sentimentos destrutivos de inutilidade foi instantânea. A libertação do medo de falar e cantar aconteceu quando obedeci a Deus e me dispus a louvá-lo e adorá-lo. Esse processo ainda está

[5] 2Coríntios 3:17.

[6] Salmos 72:12.

em andamento. A libertação das tendências abusivas foi um processo que durou três anos e meio. Por mais demorado que pareça, teve um começo e um fim. Durante esse tempo, senti Deus caminhando comigo a cada passo. Senti seu amor me tocando e curando gradativamente. Até então, eu havia imaginado que ele só amava outras pessoas, ou que ele me amava de vez em quando, dependo de minhas atitudes e ações. No final, descobri que Deus havia cuidado de mim em todas as áreas que eu poderia ter problemas. O que restava para ele transformar, senão o relacionamento entre mim e minha mãe?

14

As recompensas da obediência

O ANO SEGUINTE FOI DE CRESCIMENTO, crescimento e mais crescimento. Construímos uma casa nova que demorou mais para ficar pronta e custou mais do que esperávamos. Relacionei essa experiência à forma como o Senhor nos constrói: o processo é mais demorado e custoso do que imaginamos. Mas, como a casa, as recompensas também superam em muito nossas expectativas e fazem a espera valer a pena.

Ao passar tempo com Deus, apresentava-lhe sempre o mesmo pedido: para que ele curasse minha mãe e restaurasse nosso relacionamento. No entanto, parecia que toda vez que eu orava por ela, esperando que Deus fizesse algo, ela piorava. Papai aposentou-se de seu emprego em Knott's Berry Farm e ele e mamãe mudaram-se para um pequeno sítio no interior da Califórnia. Era o lugar perfeito para ele, que sempre foi um homem do campo. Ele adorava cuidar de cavalos e vacas e cultivar hortas. A ausência do estresse e da poluição da cidade, o trabalho tranqüilo ao ar livre e a dieta de frutas e verduras frescas do sítio melhorariam consideravelmente a qualidade e expectativa de vida de papai.

A princípio, a mudança pareceu fazer bem para mamãe também, mas, como sempre, a relativa normalidade foi apenas temporária. Dessa vez, ela afundou em seu mundo de fantasia mais rápida e completamente do que antes. Meu pai tornou-se o alvo de toda a sua amargura e ódio. Quando vinham as crises de histeria, papai saía calmamente de casa e deixava mamãe brigando sozinha. Ela ficava tão enfurecida com isso que, um dia, pegou um galho de árvore que encontrou no chão, aproximou-se sorrateiramente por trás de papai enquanto ele estava tirando ervas daninhas da horta e acertou suas costas em cheio com o galho. Outra vez, num dia muito frio de inverno, ela ligou a mangueira do quintal e encharcou papai.

À medida que seus atos se tornaram visivelmente mais agressivos, comecei a me preocupar com meu pai. Num dos cultos na igreja, pedi oração por essa situação. Milhares de pessoas oraram, e eu imaginei que Deus responderia e minha mãe seria curada. No entanto, em vez de melhorar, ela piorou e, dessa vez, de outra forma.

Havia se tornado rotina para mamãe dormir o dia inteiro e vagar pela casa durante a noite, quando lutava contra inimigos imaginários. Numa ocasião, ela acordou papai às três da manhã. Ela havia cozinhado desde a meia-noite, e tinha acabado de preparar uma refeição completa e arrumar a mesa para oito pessoas. Ela explicou que as vozes haviam lhe falado que eu ia chegar para jantar. Em seguida, avisaram que eu estava perdida, e ela queria que papai fosse com ela até a cidade para me procurar. Como sempre, ele entrou no jogo. Qualquer outra pessoa a teria acertado na cabeça ou internado, mas não o meu pai. Ele a suportava por motivos que só ele podia entender.

Às quatro e meia da manhã, recebi um telefonema.

— Stormie? — ouvi a voz de papai.

— O que aconteceu? — perguntei, agora totalmente desperta.

— Sua mãe disse que você vinha jantar conosco hoje à noite e que se perdeu na cidade. Estamos procurando você desde às três horas da manhã. Você vai vir?

— Claro que não, pai. Eu ainda estou na cama.

— Então é melhor você dizer isso a sua mãe — ele passou o telefone para ela.

— Onde você está? — ela perguntou rispidamente.

— Estou em casa, na cama. Onde eu deveria estar?

— Você me disse que vinha jantar aqui hoje à noite — sua raiva cresceu.

Não nos falávamos havia semanas e não nos víamos fazia meses. Levávamos umas quatro horas de carro para chegar ao sítio onde eles moravam. Não era o tipo de viagem que alguém fazia só para ir jantar.

— Eu nunca disse isso. Nem sequer falei com você. Onde você ouviu essa história? — perguntei, sabendo muito bem a resposta. Havia muito tempo, eu suspeitava que ela ouvia a voz de demônios e que eles controlavam sua personalidade. Continuava tentando mostrar para ela que estava acreditando em uma porção de mentiras, mas se recusava a aceitar. Na realidade, estava cega e *não podia* enxergar a verdade. Sua própria personalidade estava sufocada, sob uma servidão terrível, e ela não conseguia pensar racionalmente. Ela desligou sem se despedir, claramente desgostosa comigo.

Em toda a minha vida, nunca vi minha mãe perdoar ninguém. Ela era uma exímia colecionadora de injustiças. Tinha na ponta da língua o nome de todas as pessoas que alguma vez a haviam ofendido e podia contar cada episódio em detalhes, revivendo-os com toda a intensidade de sentimentos que havia experimentado quando essas ofensas tinham ocorrido. Assim, da mesma forma como ela nunca perdoou papai por sugerir que ela fosse internada num hospital psiquiátrico, nunca me perdoou por não aparecer para jantar às três da manhã.

Uns três meses depois, Michael e eu levamos Christopher para visitar meus pais. Assim que entrei na casa, notei algo de errado na mesa de jantar.

— Por que a mesa está tão suja? — perguntei em voz baixa para o meu pai. — A louça está imunda, tem uns dois centímetros de poeira em tudo e teias de aranha nos copos.

— Sua mãe arrumou a mesa naquela noite em que telefonamos para você e se recusa a guardar as coisas — papai explicou. — Não me deixa nem chegar perto da mesa.

Quando cruzei com o olhar frio de minha mãe, aquele olhar tão conhecido e cheio de maldade, ficou claro que eu havia voltado para o topo de sua lista negra. Ela mal falou comigo, apesar de tentar ser educada quando não estávamos a sós.

Como tantas outras pessoas, Michael havia considerado minha mãe "uma senhora muito simpática" da primeira vez que se encontrou com ela. No entanto, quando passamos alguns dias com meus pais na época do Natal logo no início de nosso casamento, mamãe não conseguiu manter sua fachada. Precisava se comunicar com suas vozes. Andou pela casa durante a noite dizendo coisas terríveis para as pessoas que estavam tentando matá-la. Queixou-se de ser atacada por inimigos com armas a laser e raios eletrônicos e de estar sendo observada pelas janelas, por espelhos e pela televisão. Confidenciou que o FBI a havia torturado sexualmente. Não podia crer no que eu ouvia. Em toda a minha vida, nunca a havia escutado dizer a palavra "sexualmente" e, agora, ela estava sendo torturada sexualmente pelo FBI! "Imaginem como eles não ficariam surpresos de ouvir isso", pensei comigo mesma.

Michael não demorou a ser iniciado na insanidade de minha mãe, mas nunca a viu ter um ataque de raiva. Apenas umas poucas pessoas testemunharam esses episódios e, sem dúvida, nunca se esqueceram deles. Mais do que qualquer outra pessoa, presenciei seus ataques repetidamente durante a infância. Michael foi poupado.

O ódio de mamãe contra mim persistiu ao longo do dia que passamos com eles. Tentei ignorar, mas foi impossível. Quando chegou a hora do jantar, eu me ofereci para arrumar a mesa.

— A mesa já está arrumada! — ela gritou para mim cheia de raiva. — Está posta há quatro meses, e vocês vão comer aqui do jeito que está.

— Mas as coisas estão imundas — protestei como uma garotinha tentando esconder a amargura por trás da inocência. O que estava acontecendo comigo? Depois de todos aqueles anos e da cura e libertação que havia recebido, ela ainda conseguia me reduzir às emoções mais abjetas. Eu era uma mulher adulta e cristã, líder de nossa igreja, no entanto, minha vontade era bater naquela senhora idosa. Ao que parecia, eu só conseguia ter pena daquela pessoa infeliz e emocionalmente deformada quando nós duas não estávamos no mesmo cômodo. Não era e nunca seria capaz de lidar com seu ódio de mim em pessoa. Michael e eu tiramos a mesa, lavamos toda a louça e arrumamos a mesa novamente. O jantar foi extremamente solene e tenso. Quando fomos embora na manhã seguinte, disse para Michael: "Nunca mais quero voltar."

Assim que chegamos em casa, telefonei para Sara Anne e lhe contei o que havia acontecido — como minha mãe me deixava arrasada sempre que nos encontrávamos e como essas visitas eram difíceis para minha família toda. Eu queria obedecer a Deus e honrar meu pai e minha mãe, mas estava sendo extremamente difícil fazer isso.

— Você não precisa se expor a isso — ela me aconselhou. — Honre-a da sua casa. Telefone, escreva, mande presentes, ore por ela e ame-a a distância. Quando Deus operar a cura em sua mãe, você poderá visitá-la. É claro que deve ir se o Espírito orientá-la, mas não se sinta culpada se tiver a liberdade de se afastar por enquanto. Dê a si mesma o tempo necessário para ser curada.

Michael e eu concordamos que era um conselho sensato e tentei explicá-lo para meu pai.

— Por que você não dá as costas para ela e sai da sala, como eu faço? — ele perguntou.

— Gostaria de fazer isso, pai, mas não sou assim. Sou uma pessoa adulta e tenho minha própria família, mas quando estou perto dela, aqueles sentimentos que tinha quando criança voltam à tona.

Ele entendeu por que eu não conseguia ficar perto dela e concordou em nos visitar em *nossa* casa.

Minhas orações intensificaram-se.

"Tu és o Redentor", lembrei a Deus. "Tu redimes todas as coisas, Deus, e eu te peço pela redenção deste relacionamento com minha mãe. O relacionamento mais fundamental que uma pessoa pode ter me foi negado. Nunca tive uma relação mãe-filha. Senhor, cura a minha mãe, para que esta parte da minha vida também seja restaurada."

Então, com uma clareza inequívoca, ouvi Deus falar. Ele disse: "Eu *vou* restaurar esse relacionamento. Vou redimi-lo por intermédio de *sua* filha".

Pisquei algumas vezes, balancei a cabeça, engoli seco e disse mansamente: "Mas, Senhor, não tenho uma filha".

O silêncio foi ensurdecedor. Enquanto eu esperava pela resposta de Deus, pensei: "Tenho quase 40 anos. Minha primeira gestação foi horrível. Não creio que conseguiria sobreviver a outros nove meses como aqueles. Sempre me coloco na defensiva quando alguém sugere que tenhamos outro filho. Deus conhece meus limites".

Continuei a lutar contra a idéia por um bom tempo, até perceber que estava lutando contra a vontade de Deus. Sabia que Deus me amaria quer eu tivesse outro filho, quer não. Mas se eu queria toda a cura, a plenitude e a bênção que Deus havia planejado para mim, tinha de entregar minha vida novamente e sujeitar a minha vontade à dele. Quando Michael e eu tomamos a decisão de obedecer a Deus, senti um alívio imediato.

Meu alívio transformou-se em alegria quando pedi a Deus que não permitisse que essa gestação fosse como a primeira, e ele respondeu: "Eu te sustentarei".

Fiquei estarrecida e arrasada quando a segunda gravidez se mostrou fisicamente ainda mais difícil que a primeira. Mais uma vez, fui tomada de uma náusea violenta e logo comecei a perder peso. A dor era tanta que sentia como se água fervente estivesse correndo em minhas veias. Não podia me levantar nem sentar, só ficar deitada de costas.

"Por que, Deus?", clamei. "Por que tudo isso de novo? O senhor me abandonou?" Mas suas palavras voltaram claramente: "Eu te sustentarei". Percebi que ele não havia dito em nenhum momento que dessa vez seria diferente; ele nunca disse que neste mundo não teríamos problemas; ele disse que passaríamos por aflições, mas prometeu: "*Eu te sustentarei*".

Meu estado piorou e precisei ser internada para receber alimentação intravenosa. Meu médico, um dos melhores obstetras da cidade, tentou tudo o que era possível. No entanto, recusou-se a prescrever qualquer medicamento para as dores e a náusea por medo de colocar o bebê em risco. Fiquei feliz com sua decisão, pois estava me sentindo tão mal que teria tomado qualquer coisa que trouxesse alívio. Por fim, minhas veias cederam e, assim que removeram a alimentação intravenosa, meu estado agravou-se. Sabia que precisava de um milagre, mas estava doente demais para orar. Só conseguia dizer: "Jesus, me ajude".

Cada hora parecia durar uma semana por causa da dor e náusea intensas. Não conseguia me sentar. Não conseguia ler nem assistir à televisão. Não conseguia dormir. Só conseguia ficar lá, deitada naquela cama de hospital e chorar. Não havia alívio.

Sara Anne visitava-me com freqüência e lia a Bíblia para mim várias horas em seguida. Massageava minhas pernas, a única parte do corpo em que eu suportava ser tocada, e seus olhos transbordavam de compaixão enquanto me via piorar.

Um dia, disse aos prantos para Sara Anne:

— Foi uma tolice engravidar de novo, depois do que aconteceu da última vez. Por que fiz isso?

Ela me lembrou da verdade para a qual a dor havia me cegado.

— Você fez isso como um passo de obediência a Deus, lembra-se? A obediência traz consigo uma grande recompensa.

— Sinto muito, Sara Anne — disse entre soluços. — No momento não consigo ver nenhuma recompensa.

Então ouvi a voz de Deus novamente: "Eu te sustentarei". Não sabia se isso significava que eu morreria e estaria junto do Senhor, ou se os médicos teriam de tirar o bebê para que eu pudesse sobreviver. Aquelas pareciam ser as únicas alternativas, e eu não queria nenhuma delas. Não podia suportar a idéia de deixar meu garotinho, e sabia que, se perdesse essa criança, provavelmente não voltaria a engravidar.

Naquela noite, sonhei que estava segurando uma linda menina, de cabelos escuros e olhos castanhos brilhantes, com longos cílios escuros. O sonho foi tão vívido e real que me senti feliz só de pensar naquela imagem.

Quando meu médico decidiu que não havia mais nada que pudessem fazer por mim no hospital, tomamos as devidas providências para eu voltasse para casa. O pastor Jack telefonou-me naquela noite antes de eu ser liberada. Estava bastante perturbado com o retrocesso no meu quadro e ainda mais perturbado com a possibilidade de eu ter de tirar o bebê.

Enquanto conversávamos, eu disse: "Pastor Jack, eu não entendo. Sei que Deus pode me curar. Sei que devo ter este bebê. Mas a dor e a náusea não passam, e me sinto fraca demais para orar".

Ouvi o amor, a compaixão e a preocupação em sua voz quando, mais uma vez, ele orou por mim.

Recebi alta no domingo de manhã. A dor e a náusea tornaram-se mais intensas do que nunca, e fiquei profundamente desanimada. Decidi que, se não houvesse nenhuma mudança até a terça-feira seguinte, o próximo passo seria tirar o bebê. Não havia mais nada a fazer, e o tempo estava se esgotando.

Quando já estava em casa, em minha cama, o pequeno Christopher entrou em meu quarto. Ele não correu todo feliz para me ver como sempre fazia. Entrou cautelosamente e manteve-se afastado. Não cuidava dele havia quatro meses e tínhamos nos tornado quase estranhos um para o outro. Não podia segurá-lo, ler para ele nem brincar com ele. Em termos emocionais, ele estava me deixando para trás. Ele disse "oi" educadamente e depois saiu correndo do quarto para prosseguir com sua vida. Meu coração partiu-se.

Bob e Sally, dois amigos muito chegados, vieram até nossa casa com os filhos para que Michael pudesse tomar fôlego em meio a toda aquela provação. Prepararam as refeições naquele dia e fizeram companhia para Michael e Christopher. Não havia nada que pudessem fazer por mim e fiquei grata por me deixarem em paz.

Às seis da tarde, quase pulei na cama. Sentei-me e perguntei para mim mesma: "O que aconteceu?". Levei algum tempo para perceber que, de repente, não estava mais sentindo nenhuma dor ou náusea.

Fiquei sentada na cama por uns minutos, esperando a agonia voltar. Quando nada mudou, levantei-me lentamente e fui até o banheiro da suíte. Olhei no espelho para meu rosto magro e olhos fundos, depois andei com cuidado de volta para a cama e me sentei por mais um tempo. Como a náusea e a dor ainda não tinham voltado, levantei-me e fui até a sala de televisão, onde Michael estava sentado sozinho. Ele se levantou do sofá com tanta rapidez que quase caiu.

— O que aconteceu? O que está fazendo de pé?

— Não sei — disse, incrédula. — De repente, me senti diferente. A dor e a náusea desapareceram, mas podem voltar a qualquer momento — acrescentei, exibindo uma fé descomunal. Depois de meses de agonia, tinha medo de alimentar qualquer esperança de melhora duradoura.

Michael me olhou admirado e sussurrou:

— Louvado seja o Senhor!

Atravessei lentamente o corredor que ia da sala de televisão até a cozinha, onde Sally estava tirando a mesa do jantar. Eu não havia comido quase nada nos últimos meses e, mesmo com a alimentação intravenosa, sentia-me extremamente fraca.

Ela virou quando me viu entrar e perguntou espantada:

— O que você está fazendo aqui?

— Não sei o que aconteceu, Sally. De repente, me senti melhor.

— Aleluia! — ela quase gritou. — Você quer comer alguma coisa para provar que está dizendo a verdade?

— Sim, logo antes que volte — respondi.

Ela me deu uma tigela com algumas fatias de pêra e uma torrada sem manteiga. Para mim, foi como fazer uma refeição no restaurante mais sofisticado da cidade. Comi lentamente, desfrutando cada pedaço e agradecendo a Deus por aquele alívio. Mesmo que tudo voltasse, era maravilhoso conseguir mastigar alguma coisa e engolir.

Esperei, mas a náusea e a dor não voltaram. Voltei para a cama e dormi a noite toda. No dia seguinte, recebi vários telefonemas de pessoas contando como a igreja havia orado fervorosamente por minha cura na noite anterior, no culto da noite. O pastor Jack não comentou comigo que pediria para a igreja orar.

"Sim, *estou* me sentindo melhor", dizia para cada pessoa que telefonava. Só não dizia quão melhor estava me sentindo, pois ainda temia que os sintomas voltassem e não queria que parassem de orar.

Esperei até as seis da tarde de terça-feira, exatamente quarenta e oito horas, e então liguei para a casa do pastor Jack para lhe contar o que havia se passado.

Descrevi em detalhes os acontecimentos da noite de domingo.

— O Senhor seja louvado, você foi curada! — ele disse com toda empolgação.

— Eu fui? Você acha mesmo?

— Stormie — ele suspirou pacientemente — eu não *acho*, eu *sei*.

— Quer dizer que os sintomas não vão voltar?

— Não, você foi curada. Você sabia que estávamos orando por você no domingo?

— Eu só fiquei sabendo na segunda-feira.

Evidentemente, não foram minhas orações nem minha fé, mas as orações e a fé de milhares de pessoas em todo o país, e mais especificamente em nossa igreja, que me curaram e salvaram meu bebê. Meu coração encheu-se de gratidão pelo amor e preocupação de minhas irmãs e meus irmãos em Cristo. Deus havia me concedido uma família carinhosa, como eu jamais havia imaginado ser possível. Ele havia prometido me sustentar e havia cumprido a promessa.

Antes de o bebê nascer, ainda fui para Nova York acompanhar Michael na cerimônia de entrega do Grammy. Ele recebeu três prêmios Grammy pela produção de um disco chamado *Christopher cross*. Christopher foi o primeiro artista a receber os quatro prêmios principais — álbum do ano, disco do ano, canção do ano e melhor artista novo — todos na mesma noite. Foram momentos de grande emoção e agradeci a Deus por me permitir participar daquela noite tão importante para meu marido.

Pouco tempo depois, nasceu a linda garotinha que eu havia visto em meu sonho, com cabelos escuros, olhos castanhos e longos cílios escuros. Nós a chamamos de Amanda Katherine. E logo percebi que, dessa vez, tudo seria diferente. Não tive mais nenhuma vontade de espancar o bebê e nunca mais perdi o controle. Não havia mais nenhuma raiva, nenhum sinal do problema do passado.

Depois do primeiro incidente com Christopher, descobri que não tinha dentro de mim aquilo que precisava para ser uma boa mãe. Sempre dependerei totalmente da ajuda de Deus para criar meus filhos. Uma vez que não podia fazer nada sem ele, eu me vi obrigada a buscar a orientação de Deus ainda mais e orar para me tornar mais semelhante a ele em minha natureza.

Depois de me recuperar, concentrei-me em compensar pelo tempo que não havia conseguido cuidar de Christopher. Todas as tardes, enquanto Amanda dormia, eu o levava para algum lugar especial — só nós dois. Apesar de se orgulhar ao extremo da irmãzinha, Christopher se sentia importante e adulto quando se despedia dela e lhe dizia que ela tinha de ficar com a babá, pois era pequena demais para nos acompanhar nos lugares que planejávamos visitar naquela tarde. Christopher e eu voltamos a nos conhecer enquanto passávamos aquelas tardes andando e conversando. Íamos ao parque, ao cinema, ao minigolfe ou à loja de brinquedos.

Esse era *nosso* tempo juntos e, em duas semanas, todo o estrago causado durante os meses de minha enfermidade foi reparado. "Obrigada, Senhor, por me conceder Christopher e Amanda", eu dizia pelo menos dez vezes por dia com toda sinceridade.

Uma vez pago o preço da obediência, as recompensas foram enormes. A cura começou no momento em que Amanda nasceu. Da mesma forma que uma ferida aberta vai se fechando, dia após dia, senti que uma ferida em minhas emoções, em algum lugar no coração, começou a cicatrizar. Cada dia com Amanda trazia mais plenitude e realização.

Aos 42 anos, participei de meu primeiro chá para mães e filhas, organizado pela pré-escola de Amanda para comemorar o Dias das Mães. Foi uma emoção indescritível. Senti pena de duas crianças cujas mães não compareceram. Eu havia passado por isso, pois minha mãe nunca participava dos programas da escola. Agora, eu estava lá como uma das mamães.

Os lindos olhos castanhos de Amanda brilhavam enquanto ela se levantava com suas amigas para cantar e recitar poemas que haviam ensaiado para as mães. De tempos em tempos, ela olhava discretamente para minha direção, a fim de se certificar de que eu estava assistindo. E é claro que eu estava.

Deus havia cumprido sua promessa de restaurar a relação mãe-filha que eu tinha perdido e escolheu a maneira perfeita de fazê-lo. O preço da obediência é alto, mas, como descobri, o valor das recompensas é infinitamente maior.

15

Perdão final

— A DOR PASSA ALGUM DIA? — uma moça perguntou-me depois de uma de minhas palestras.

Não era a primeira vez que ouvia essa pergunta de pessoas que haviam sofrido abuso na infância. Sabia a que tipo de dor ela estava se referindo.

— Não sei — respondi com franqueza. — Você é curada. Recebe liberdade além do que pensava ser possível, mas não sei se a dor passa completamente.

A dor de uma criança vítima de abuso tem origem na rejeição. Uma dor interna constante transforma-se num modo de vida, e, como eu, muitas pessoas a aceitam como parte da vida diária. Ela acompanha a pessoa em todos os lugares. Antes de eu encontrar Jesus, me entorpecia com drogas, álcool, trabalho ou relacionamentos "amorosos" — métodos que, a longo prazo, apenas intensificavam o sofrimento.

Até mesmo nos momentos mais felizes, a dor estava à espreita, esperando a mais tênue sugestão de rejeição para voltar com força total, reafirmando todos os sentimentos negativos que eu nutria a respeito de mim mesma. Em momentos de fraqueza, o suicídio parecia ser a única solução. Aos 14 anos, eu quis morrer para acabar com a dor. Costumava suplicar a Deus por uma lobotomia frontal só para não precisar mais sentir nada. Depois de estabilizar meu relacionamento com Deus por meio de Cristo, consegui levar minha dor a Deus em oração continuamente. Recebi alívio, e a dor tornou-se mais controlável, mas ainda estava lá.

É claro que entendi perfeitamente a pergunta daquela moça.

Depois que Amanda nasceu, recebi uma avalanche de convites para falar sobre o poder restaurador de Deus. Não havia nenhuma relação entre o nascimento de Amanda e esses pedidos, mas entendi que essas novas portas ministeriais se abriram como resultado de minha obediência. Fazia parte das recompensas. Também era um exemplo de como Deus estava usando os escombros de meu passado para ajudar outros. Sempre que eu falava, encontrava inúmeras pessoas com as mesmas dores e cicatrizes emocionais que havia carregado. Sentiam como se estivessem morrendo por dentro e precisavam saber que podiam ter vida antes da morte.

Meu ministério também começou a se desenvolver na área do condicionamento físico. Havia estudado a fundo sobre educação física e nutrição durante quinze anos e, havia algum tempo, lecionava sobre esses assuntos. As aulas tornaram-se tão requisitadas que comecei a receber telefonemas de pessoas de todo o país pedindo que eu vendesse fitas e apostilas com os programas de exercício ensinados. Nasceram assim duas séries com o título *Exercise for Life* (Exercício para a vida) e um livro chamado *Greater Health God's Way* (Mais saúde à maneira de Deus).

Estava muito feliz com meu ministério, minha família, minha igreja, meu Deus e minha vida em geral, mas ainda havia uma inquietação sutil dentro de mim. Há quem me descreva como uma pessoa extremamente ativa e irrequieta, que não pode ficar parada. Foi assim que Deus me criou, mas havia algo mais, um desassossego em minha alma. Poderia muito bem ter passado o resto da vida pensando: "Sou assim", se não fosse pelo fato de Sara Anne ter me chamado a atenção para isso.

"Há uma inquietação em seu espírito, Stormie", ela disse. "Eu a vejo na superfície de vez em quando. Vamos orar juntas, pedindo a Deus que revele a causa. Sei que ele quer libertá-la de mais alguma coisa".

Fiquei pasma. Pensei que eu *estava* liberta! Pelo menos era isso que dizia às pessoas em minhas apresentações. Aos 42 anos, eu havia desfrutado a libertação e o ensino do Senhor ao longo de treze anos, e agora estava ensinando a outras pessoas sobre a liberdade que elas podiam desfrutar. E ainda assim eu precisava ser liberta?

"Deus, revela-me o que ainda está me prendendo. O que está causando esta inquietação?", orei.

E não obtive resposta.

Quase uma semana depois, Sara Anne me telefonou logo cedo para me falar de um sonho em que, a seu ver, Deus havia lhe revelado meu problema.

— Você tem ódio não confessado e rancor de seu pai — ela explicou.

— O quê? — perguntei indignada. — De maneira nenhuma, Sara Anne. Desta vez você está errada.

— Sinceramente, Stormie, eu não teria pensado nisso por minha própria conta. Creio que meu sonho veio de Deus.

Eu não disse nada.

— Pense sobre o assunto — ela continuou. — Veja o que Deus lhe diz.

— Você não entende, Sara Anne. Meu pai é uma pessoa meiga e gentil. Ele nunca me fez nenhum mal. Nunca encostou a mão em mim, exceto para me dar algumas surras que mereci. Ele é uma pessoa amável. Como poderia odiá-lo? Por que preciso perdoá-lo?

— Veja o que Deus lhe diz — ela repetiu calmamente.

Desliguei o telefone, mas não me movi. Orei: "Deus, sobre o que ela está falando? Essa é a coisa mais ridícula que já ouvi".

Então, de repente, senti algo cortante penetrando meu coração e me dobrei de dor. Estava novamente no armário, chorando baixinho. "Por que papai nunca abre a porta e me deixa sair?" O pensamento foi tão doloroso que não me permiti ver mais nada.

Naquela noite, encontrei com Sara Anne na igreja e lhe disse:

— Você tem razão. Não posso conversar sobre isso agora, mas creio que preciso começar um jejum de três dias antes da Sexta-Feira Santa. Depois do culto de sexta-feira, você pode orar por mim, pedindo libertação?

Ela e o marido concordaram que seria a coisa certa a fazer e combinamos que eles e Michael jejuariam comigo.

— Peça que Deus lhe revele mais coisas nas próximas semanas — ela me aconselhou.

Quando estava no carro voltando para casa, orei: "Senhor, mostra-me tudo o que preciso saber para me libertar em relação a meu pai".

Havia acabado de entrar numa avenida larga e movimentada quando a dor penetrou meu coração. Dessa vez, comecei a soluçar incontrolavelmente. Os soluços só aumentavam a dor. Com a visão turva pelas lágrimas, mal conseguia dirigir e diminuí a velocidade. Ao ver os carros passando rapidamente por mim, vi que precisava me controlar de imediato ou poderia causar um acidente. Não sabia se poderia suportar aquilo que estava dentro de mim.

"Senhor, ajuda-me!", engoli em seco e me esforcei para segurar as lágrimas.

Nas semanas que seguiram, comecei a ver claramente que, de fato, guardava rancor de meu pai por ele nunca ter me socorrido quando eu era criança. Ele nunca abria o armário para eu sair. Nunca impedia minha mãe de me espancar. Nunca me protegia da insanidade dela. Eu havia sido decepcionada pela pessoa que deveria me salvaguardar. Essa falta de perdão não tinha sido confessada porque nunca havia me permitido sentir raiva de meu pai.

Para minha surpresa, alguns anos antes havia descoberto que ele não sabia que mamãe me trancava no armário. Esse fato trouxe alívio à minha mente, mas, ao que parece, não tratou daquela ferida. E não me libertou de uma vida inteira de rancor. Havia descoberto a verdade acerca da situação, mas, agora, precisava aplicar a verdade *de Deus* para experimentar a libertação.

Quanto mais o problema era exposto, mais se tornava evidente que não se tratava de simples rancor e raiva. O que eu sentia era um ódio intenso. Graças a esse ódio e rancor, eu havia crescido com a idéia de que não podia confiar em nenhuma autoridade masculina. A desconfiança não era em relação aos homens em geral, mas em especial àqueles que tinham autoridade sobre minha vida, como meu pastor e meu marido. Eu nunca havia me rebelado abertamente contra eles e nunca me ocorreu que não tivesse o mais absoluto respeito por eles. Assim, os sintomas do problema permaneceram escondidos no mais íntimo do meu ser. Na verdade, porém, eu imaginava que, se estivesse pendurada à beira de um precipício, me segurando apenas com a ponta dos dedos, qualquer uma daquelas figuras de autoridade masculinas em minha vida passaria direto por mim e me deixaria cair.

Essa escravidão manifestou-se em minha vida na forma de uma dependência extrema. Eu sempre achei que precisava manter tudo sob controle sozinha, pois não queria depender da ajuda de ninguém. Precisava de um bocado de energia para não perder esse controle e não podia jamais descansar.

O mais estranho é que, junto com tudo isso, comecei a sentir como se estivesse enlouquecendo. Tinha ouvido dizer que existe uma linha muito tênue entre a sanidade e a insanidade e, de repente, senti que estava andando em cima dessa linha. Depois de alguns anos *não* me sentindo mais assim, não podia entender o que estava acontecendo, mas era inconfundível. Existe uma sensação clara de que se está perdendo o juízo, e era isso que eu estava sentindo. A preocupação de que acabaria como minha mãe vinha à tona com freqüência, mas nunca havia sentido que estava tão perto de isso se concretizar.

A Sexta-Feira Santa chegou e, conforme o planejado, nó nos reunimos no escritório de aconselhamento. Confessei o rancor que nutria por meu pai e, ao fazê-lo, aquela dor excruciante penetrou meu estômago novamente, desta vez, acompanhada de uma torrente de emoções como eu nunca havia experimentado em minha vida adulta. Era a mesma dor que se formava dentro de mim e me obrigava, de tempos em tempos, a me afastar dos amigos na escola ou buscar refúgio num dos banheiros no estúdio da CBS.

A dor veio à tona com força total. Chorei com soluços que vinham do mais profundo de meu ser, soluços que haviam ficado presos na garganta por anos, pois minha mãe ameaçava me bater se eu chorasse. Era como se eu estivesse dando à luz algo maior do que meu corpo podia colocar para fora, algo tangível e mensurável.

Sara Anne e seu marido ungiram-me com óleo, impuseram as mãos sobre minha cabeça e ordenaram em nome de Jesus que qualquer espírito opressor que estivesse exercendo poder em minha vida se retirasse. Uma última onda de dor percorreu meu corpo e então passou, e uma paz interior tomou conta de mim.

A expulsão daquele rancor e ódio enterrados nas profundezas de meu ser representou a destruição do último baluarte do Diabo em minha vida. Podia ver com clareza que aquele rancor profundamente reprimido havia me levado a um tipo de desequilíbrio mental. Será que isso tinha acontecido com minha mãe — todo o seu rancor havia sido internalizado a ponto de distorcer completamente sua forma de ver a vida? Estava certa de que esse não era o único motivo do desequilíbrio mental, mas sabia com certeza que é impossível uma mente sã sobreviver em meio à raiva e ao rancor profundos. Há uma ligação direta entre o perdão e a saúde da pessoa como um todo.

Também percebi que a libertação é um processo que acontece de formas diferentes em épocas diferentes. Em algumas ocasiões, a libertação ocorreu quando passei tempo na presença de Deus e andei em obediência, como quando fui liberta de meu medo de facas. Em outras ocasiões, aconteceu quando clamei a Deus em oração e o exaltei com louvores, como quando descobri minhas tendências abusivas. Outras vezes ainda, veio no escritório de aconselhamento, sob a orientação de conselheiros treinados e qualificados, como quando fui liberta de minha depressão debilitante. Mas qualquer que fosse o modo de ação, foi sempre Jesus quem me libertou.

Na manhã seguinte, notei claramente que não sentia mais como se estivesse enlouquecendo. Sentia-me completamente normal, e a sensação de insanidade iminente nunca mais voltou. Lembrei-me da ocasião em que havia sido libertada dos pensamentos suicidas e de como sumiram no dia seguinte sem deixar resquícios. Eram milagres que eu não podia negar e que não poderia ter criado em minha mente. Sabia apenas que, mais uma vez, havia outro nível de liberdade dentro de mim. Mais correntes haviam sido rompidas, a porta de mais um armário havia sido destrancada.

A partir de então, a confiança em meu marido e em meu pastor desenvolveu-se de forma lenta porém contínua. Michael ainda era um ser humano que cometia erros, mas deixei de interpretar suas falhas como falta de carinho ou preocupação comigo. Meu relacionamento com ele melhorou de imediato, pois comecei a me preocupar menos e deixar que ele cuidasse das coisas. Até então, eu considerava necessário participar de todas as decisões financeiras e tenho certeza de que minha atitude fazia Michael sentir que não confiava nele. Depois disso, não me importava mais se ele me consultava ou não, pois confiava que Deus guiaria meu marido em todas as coisas. Que alívio não precisar mais lutar para me manter no controle de tudo.

Pela primeira vez na vida, percebi como sabia pouco sobre meu pai. Ninguém nunca ofereceu informações sobre ele, e nunca me ocorreu perguntar. Em meu subconsciente, sempre o vi como uma figura unidimensional, mas agora que havia sido libertada de todo o meu rancor, descobri características de sua personalidade e qualidades de seu caráter. Numa das ocasiões em que ele nos visitou, fiquei sabendo que ele era o filho mais velho e tinha dois irmãos e cinco irmãs e, em decorrência disso, carregava sobre si um grande peso de responsabilidade em casa. Cresceu num lar cristão, num sítio na Pensilvânia. Seu pai era o zelador da igreja e sua mãe era a organista. Fiquei surpresa quando soube disso, pois nunca em minha vida tinha ouvido papai falar em "igreja" ou "Deus".

— Por que você deixou de ir à igreja quando saiu de casa, pai? — perguntei, depois que ele me surpreendeu com essa nova informação.

— Para ir à igreja, precisávamos andar mais de dois quilômetros pelos campos — ele respondeu. — Íamos duas vezes no domingo e uma vez na quinta-feira à noite, mesmo quando estava chovendo ou nevando. Quando chegávamos lá, passávamos quase quatro horas sentados em bancos de madeira desconfortáveis enquanto o pastor gritava e batia no púlpito, pregando sobre o enxofre e o fogo do inferno. Não havia nada mais entediante, e as crianças não podiam se mexer nem fazer barulho. Sempre acreditei em Deus, mas decidi que, quando saísse de casa, *nunca* mais me sujeitaria àquela tortura.

Ouvi alguns parentes comentarem que papai era um rapaz muito bem-apessoado e que várias moças se interessaram por ele. Mas ele era tímido e não dava atenção a nenhuma delas, até que, aos 30 e poucos anos, conheceu minha mãe. Com apenas 24 anos, ela o encantou com sua beleza e com a personalidade atraente que revelava em ocasiões sociais. Ele se apaixonou por ela e continuou apaixonado com a primeira impressão dela mesmo depois que nada mais dessa imagem restava na vida real. Ao que parece, sua esperança de que um dia ela mudasse e voltasse ao normal foi sua motivação para manter-se fiel ao longo dos anos.

Depois que eu perdoei papai, descobri quanto ele me amava. Ele nunca havia expressado esse amor abertamente, pois não se sentia à vontade com demonstrações de afeto, mas, ainda assim, me amava. Descobri que, mesmo quando os pais amam os filhos profundamente, se os filhos não *perceberem* esse amor, não se *sentirão* amados. Ao me dar conta disso, comecei a expressar minha afeição por meus filhos de maneiras mais claras. Abraçava e beijava cada um deles várias vezes por dia e dizia “Amo você”. Então, só para ter certeza de que não havia nenhum mal-entendido, toda semana eu fazia uma “chamada oral”.

— Sua mamãe ama vocês? — perguntava.

— Sim, você ama — eles respondiam, rindo.

— Quanto amo vocês?

— Um montão! — retrucavam, sem hesitar.

— E por que amo vocês um montão?

— Por que eu sou eu! — respondiam em uníssono perfeito.

— É isso mesmo! — eu dizia com alegria e depois repetia para cada um: — Eu amo você porque *você é você.*

Com o tempo, percebi que a dor interior havia passado. As memórias não me incomodavam mais como antes. Entrei em um novo patamar de descanso que nunca havia imaginado ser possível.

Seis meses depois daquela sessão de aconselhamento na Sexta-Feira Santa, apresentei uma palestra para um grupo grande e contei minha história de como Deus havia concedido restauração total. Quando terminei, abri um tempo para perguntas e respostas. Uma senhora levantou-se e perguntou:

— E a dor passa?

Sorri com grande alegria e respondi:

— Sim! Pela primeira vez em minha vida, posso dizer que você se livra da dor. Não acontece da noite para o dia, mas ela passa.

16

Restauração total

MINHA MÃE NÃO SAÍA de casa fazia cinco anos, de modo que passar mais um Natal sem ela não foi algo fora do comum. Papai veio nos visitar com minha irmã e a família dela e comemoramos juntos. Naquele ano, Michael e eu presenteamos meu pai com uma viagem para visitar seus parentes do outro lado do país. Entregamos o presente bem antes, para que ele pudesse voltar em tempo para passar o Natal conosco e, no dia seguinte, estar de volta em sua casa.

Durante esse tempo, ninguém se preocupou com mamãe, pois ela adorava ficar sozinha. Podia conversar livremente com suas vozes e fazer o que bem entendia. Na garagem, havia um *freezer* enorme cheio de comida para garantir que ela não ficaria sem ter o que comer. Quando papai voltou depois do Natal, descobriu que ela não havia lavado nenhuma louça em duas semanas e quase não havia comido nada nos últimos dias. A princípio, pensamos que sua recusa característica em fazer o serviço da casa a havia levado a parar de comer quando não tinha mais louça limpa para usar. Quando percebeu que ela parecia querer comer, mas não conseguia, papai concluiu que estava com uma virose. Seu estado mental havia se deteriorado num ritmo acelerado nos últimos dois anos, de modo que era difícil comunicar-se com ela e impossível obter uma resposta que fizesse sentido. Ela perdia cada vez mais contato com a realidade. Quase não parecia mais um ser humano.

Poucos meses antes, o cachorro que eles tinham em casa havia adoecido e morrido. Mamãe recusou-se a acreditar que o cachorro estava morto. Colocou o corpo no meio da cama e todos os dias punha comida e água na boca do animal. Falava com ele como se ainda estivesse vivo. Sempre que meu pai se aproximava do cachorro e falava que ia enterrá-lo, minha mãe tinha uma crise histérica. Com isso, papai finalmente se convenceu de que era hora de internar mamãe. Ele foi procurar ajuda, mas descobriu que uma série de leis novas tornava a internação bem mais difícil. Ele precisava provar que ela estava pondo em perigo a própria integridade física ou a de outra pessoa. Uma vez que ele não podia provar isso, viu-se de mãos atadas.

Depois de passar uma semana na cama dela, o cachorro morto começou a cheirar mal e papai não conseguia mais dormir em seu quarto que ficava na outra extremidade do corredor. Ele sabia que precisava fazer alguma coisa. Como mamãe ficava acordada a noite toda andando pela casa e conversando com suas vozes, papai esperou até o meio da manhã, quando ela caiu num sono pesado. Entrou de mansinho no quarto dela, tirou o pequeno corpo do animal de cima da cama e enterrou-o no quintal da casa. Prevendo o que aconteceria quando mamãe acordasse, ele cavou um buraco bem fundo.

Quando mamãe acordou e viu que o cachorro não estava lá, ficou irada e histérica.

— Onde está o cachorro? — ela perguntou em tom autoritário.

— Eu o enterrei. Ele está morto — ele respondeu firmemente.

— Ele não está morto. Você o enterrou vivo! — ela gritou repetidamente, enquanto procurava a pá. Cavou por toda parte à procura do cachorro e chegou até a revirar o solo no lugar onde papai o havia enterrado, mas como ele havia feito um buraco fundo, ela nunca o encontrou. Depois de algum tempo, ela finalmente desistiu.

Depois disso, as queixas de mamãe sobre pessoas que atiravam nela pioraram. "Estão atirando com raios *laser* em meu estômago e meu peito. Estão emitindo raios em meu cérebro. Eles querem informações, mas eu não vou lhes dar".

Eu sentia pena dela, mas não o suficiente para visitá-la. Não a odiava mais e lamentava seu estado, mas seus ataques verbais contra mim não tinham fim. Ela agia como se me desprezasse, e apesar de eu entender que na verdade ela desprezava a si mesma, não conseguia suportar ficar perto dela.

Minha irmã sempre se entendeu razoavelmente bem com mamãe e a visitava de vez em quando. Depois do Natal, ela contou que mamãe estava com uma aparência péssima; havia perdido muito peso, estava com o rosto inchado e a pele amarelada. Meu pai continuava convencido de que era uma virose.

Pouco antes de Michael e eu sairmos de férias com as crianças no Havaí, telefonei para papai pedindo notícias sobre mamãe.

— Ela está melhor — ele disse. — Está na cama a maior parte do tempo, e eu estou levando a comida para ela. Ela parou de vomitar e está comendo mais.

— Você quer que eu vá até aí e ajude a cuidar dela? — perguntei. — Não seria problema para mim.

— Não, não. Ela está bem melhor agora — ele garantiu.

Em nossa segunda manhã no Havaí, me levantei antes de todos, como de costume, e fui correr na praia. Era meu horário de conversar com Deus. Parecia que podia ouvi-lo melhor quando estava longe de telefones, obrigações e prazos e perto da beleza de sua criação. Há vários meses, estava considerando a possibilidade de escrever a história de minha vida, contando como Deus havia me restaurado, e precisava que ele me mostrasse sua vontade a esse respeito.

"Então, Senhor?", perguntei. "Sei que devo escrever esse livro e sinto que está me dizendo para começar agora. É isso mesmo que quer? Preciso saber se estou ouvindo o *senhor*."

Havia hesitado em começar o livro porque sempre existia a possibilidade de mamãe ser curada de sua doença mental e, uma vez publicada, a história de seu passado poderia ser uma lembrança dolorosa. No entanto, senti que Deus estava me guiando a começar a escrever de imediato. Orei e adorei a Deus enquanto andava pelas pedras e areia e, então, ouvi-o responder claramente a meu coração: "A hora de começar o livro é agora".

"Mas é correto escrevê-lo mesmo enquanto ela ainda está viva?", perguntei.

"A hora de começar o livro é agora." Ouvi novamente. Senti um calor conhecido se espalhar por meu corpo e a paz e alegria imediatas de ouvir a voz de Deus. Estava certa de que ele havia concedido seu sinal para começar.

Quando voltei para o quarto, todos tinham acabado de se levantar. Fomos tomar o café-da-manhã e compartilhei com Michael a orientação de Deus para começar o livro. Ele me apoiou totalmente.

Ao entrarmos no quarto depois do café, vi uma luz vermelha piscando no telefone, indicando que alguém havia ligado e deixado recado. Senti de imediato que era algo grave. O recado era de minha irmã, pedindo que eu entrasse em contato com ela na casa de meus pais. Disquei rapidamente, prevendo más notícias, pois minha irmã e meu pai nunca telefonavam para mim quando eu estava em férias. Meu pai atendeu.

— Pai, recebi o recado.

— Sua mãe está muito doente. Estamos tentando levá-la para o médico, mas ela não quer ir. A ambulância acabou de chegar, mas sua mãe se trancou no banheiro e se recusa a sair.

Podia sentir a aflição na voz dele.

— Onde está Suzy?

— Está conversando com sua mãe pela porta do banheiro.

"Será que ela está tão doente assim, se ainda tem forças para se trancar no banheiro?", pensei.

Ouvi papai gritando.

— Suzy, é a Stormie!

Pela voz de Suzy percebi que a situação era mesmo bastante séria.

— Stormie, a mamãe está muito doente. Você não a reconheceria. É só pele e osso; deve ter perdido uns 30 quilos. Acho que ela está morrendo.

De repente, notei o tom maduro de sua voz e entendi como a doença de mamãe estava sendo um peso para Suzy.

— Você tem certeza? — perguntei incrédula. Como era possível ela estar morrendo, se alguns dias antes papai havia falado que ela estava melhor?

— Ela se recusa a ir ao médico. Não quer sair do banheiro e acompanhar os enfermeiros na ambulância. Ela está com dor e precisa de ajuda. O que devo fazer? — ela perguntou com voz trêmula.

— Ela provavelmente está com medo dos homens. Talvez esteja pensando que eles vão matá-la. Se você não conseguir convencê-la a ir com eles, talvez seja melhor dispensá-los. Depois que forem embora e ela sair do banheiro, pergunte se ela aceita ir para o hospital com você e o papai. Ela só vai ouvir você. Peça que ela faça isso por *você*, Suzy. Diga que você não pode suportar vê-la sofrendo desse jeito e que no hospital eles vão poder ajudá-la. Diga que você não vai deixá-la sozinha, que vai ficar com ela.

— Está certo — ela disse, agora com mais firmeza.

— Vamos pegar o primeiro vôo que conseguirmos. Eu telefono quando estivermos chegando — prometi antes de desligar.

Fui tomada de uma sensação de urgência. Precisava voltar imediatamente.

"Deus, por favor, não permita que ela morra antes de eu chegar", orei enquanto telefonava para a companhia aérea.

Fiz a reserva no primeiro vôo com quatro assentos disponíveis. Sairia só à meia-noite, mas não queria ir sem minha família. Estava com medo de ver minha mãe sem Michael e meus filhos por perto.

Telefonamos para a igreja e pedimos orações e depois passamos o resto do dia fazendo as malas e ligando para as companhias aéreas tentando, sem sucesso, conseguir um vôo que saísse mais cedo.

Conversei com Suzy novamente pouco antes de partirmos. Ela havia seguido minha sugestão e mamãe havia concordado em ir para o hospital com ela e papai. Eles a levaram ao pronto-socorro, e Suzy ficou com mamãe até ela ser internada, receber medicamentos para a dor e cair no sono.

— O que o médico disse? — perguntei.

— Ela está com câncer em estágio terminal. Eles vão continuar medicando para que ela não sinta dor.

Meu coração encheu-se de culpa por eu não estar lá e de tristeza pelo sofrimento intenso de minha mãe.

Suzy fez uma pausa e continuou.

— Stormie, não se sinta culpada se não conseguir chegar antes de ela morrer... Você não vai querer vê-la do jeito que ela está.

Demorei a responder, pois estava tentando conter as lágrimas e recuperar a voz.

— Obrigada, Suzy. Você não sabe como foi importante ouvir isso.

Por mais que eu quisesse ver minha mãe antes de ela morrer, também temia que meu pai e minha irmã nunca me perdoassem por não estar com eles naquele momento.

Embarcamos no vôo da meia-noite e chegamos a Los Angeles às oito da manhã, horário da Califórnia. Levamos mais uma hora para chegar em casa e decidimos dormir pelo menos duas horas, a fim de realizar com segurança o percurso de carro até o hospital, uma viagem que levaria outras quatro horas. O despertador tocou às onze da manhã. Esvaziei as malas apressadamente, jogando todas as roupas das férias no chão e colocando, em seu lugar, algumas peças mais quentes, enquanto Michael preparava um lanche e ajeitava o carro.

Telefonei para a casa de meus pais, mas ninguém atendeu. Telefonei, então, para o hospital e insisti para que transferissem a ligação para o quarto de minha mãe.

— O estado dela é crítico — protestou a pessoa da recepção.

— Eu sou filha dela! — insisti.

Louis, o marido de Suzy, atendeu.

— Louis, vamos sair de casa agora. Como ela está?

— Não sei se vocês vão chegar a tempo — ele respondeu, claramente abalado.

— Você acha que ela não vai agüentar mais quatro horas? — perguntei, horrorizada. Não podia acreditar. Tudo estava acontecendo rápido demais.

— Você não sabe como ela está — sua voz tremeu. — Ela não parece mais sua mãe. Não é a mesma pessoa.

— Chegaremos aí o mais rápido possível. Vamos direto para o hospital.

Ele me explicou como chegar e, enquanto ele falava, podia ouvir meu pai e minha irmã conversando e mamãe gemendo ao fundo.

Entramos no carro e fomos quase voando para lá. Não pegamos nenhum trânsito e nenhum sinal vermelho. Durante a viagem, não pude mais me conter e comecei a chorar.

"Por favor, Senhor, permita que eu chegue lá antes de ela morrer. Por favor, Senhor, que ela não morra antes de eu vê-la."

Michael pôs a mão direita sobre meu ombro enquanto dirigia com a mão esquerda. Olhei para o banco de trás, onde dois pares de olhos castanhos me fitavam assustados. Amanda e Christopher também estavam preocupados.

— Estou bem — expliquei para eles. — Só estou com medo que a vovó morra antes de chegarmos lá.

— Isso seria triste — disse Christopher.

— Eu também vou ficar triste — acrescentou Amanda, agora com quase três anos, sem saber muito bem o que estava acontecendo, mas querendo ser como seu irmão mais velho.

Havia sido sempre honesta com meus filhos e procurado lhes contar a verdade de acordo com sua capacidade de compreensão. Christopher sabia que minha mãe havia me maltratado quando eu era criança, mas ele entendia que ela havia feito isso porque estava doente.

— A vovó sempre amou *vocês* — garanti aos dois.

Passei o restante da viagem orando silenciosamente. Algo dentro de mim tinha a esperança de que mamãe e eu nos veríamos e de que as coisas seriam diferentes. Quem sabe ela estaria lúcida e conseguiria conversar como uma pessoa normal. Quem sabe, por alguns minutos, ela não me odiaria e falaria comigo de mãe para filha. Cheguei até a imaginar que pediríamos perdão uma para a outra por todo o mal que havíamos feito e talvez até diríamos "eu amo você".

Lembrei-me de todas as vezes que mamãe havia se queixado sobre as pessoas que estavam atirando em seu peito, cabeça e estômago. Nunca havia nos ocorrido que ela estava falando de uma dor real.

Pensei nos telefonemas que fazia de tempos em tempos para meu pai e como ele sempre passava o telefone para mamãe e ela respondia com o mesmo tom hostil.

— Mãe, como você está? — perguntava, fingindo animação.

— Como você acha que estou? — ela começava e depois despejava todo o lixo que cercava os seus dias. — O FBI está atirando tanto na minha cabeça com raios *laser* que não consigo nem pensar. Eles sabem que eu guardo segredos comunistas. O presidente dos Estados Unidos está tentando obter informações de mim, e os católicos, os armênios, a Máfia e Frank Sinatra também.

Daí para frente, eu não conseguia dizer mais nada. Colocava o telefone na cama e escutava um pouco a cada cinco minutos. Uns trinta ou quarenta minutos depois, eu pegava o telefone e praticamente gritava.

— Eu preciso desligar, agora, mãe. Tchau.

Meu pai mencionou que, depois de falar comigo, minha mãe sempre melhorava um pouco e não reclamava tanto para ele. Assim, passei a ver esses telefonemas como uma forma de oferecer um pouco de alívio a meu pai.

Pensei na última vez em que havia visitado os dois. Estava sentada sozinha na sala quando minha mãe apareceu do nada e disse:

— Aquelas vezes em que eu trancava você no armário... aquilo nunca incomodou você, não é?

Sua entonação insinuava que obviamente aquilo nunca havia me incomodado, não se tratando, portanto, de uma pergunta que esperava uma resposta sincera.

Ainda assim, fiquei tão chocada que mal consegui falar. Aquela era a mesma mulher que afirmava nunca ter feito nada de errado em toda a sua vida? É verdade que ela havia deixado claro que os episódios no armário não haviam sido nada sério e que ela estava apenas curiosa, mas ela *reconheceu* que havia feito aquilo.

Tive pena suficiente dela para não dizer a verdade, mas ainda tive sentimentos, pois respondi com sarcasmo:

— Claro que não, mãe. Adorei cada minuto que passei trancada lá dentro.

Minha malícia passou inteiramente despercebida. Mamãe ouviu o que queria e comentou com um pequeno sorriso:

— Foi o que pensei.

Sem dizer mais nada, voltou para a cozinha. Parte de mim alegrou-se por mamãe ter finalmente reconhecido que havia me trancado no armário. Não faço idéia do que a levou a mencionar aquilo depois de tantos anos. Talvez o pecado não confessado nunca dê descanso, quaisquer que sejam as circunstâncias de vida da pessoa.

A caminho do hospital para ver minha mãe pela última vez, pensei sobre todas essas coisas e observei como Deus não havia deixado nada pendente.

Miraculosamente, em vez das quatro horas previstas, levamos duas horas e meia para chegar. Michael deixou-me na frente do hospital e dirigi-me rapidamente para a entrada principal enquanto ele estacionava o carro. Perguntei o número do quarto onde minha mãe estava e quando a recepcionista não conseguiu encontrar, meu coração disparou. Temi ter chegado tarde demais.

— Espere um pouco. Aqui está. Quarto 3A, seguindo por este corredor.

O hospital era pequeno e levei apenas alguns segundos para correr até o quarto e abrir a porta. Não havia mais ninguém na enfermaria de dois leitos além de duas senhoras muito idosas visivelmente doentes. Nenhuma das duas se parecia com minha mãe.

A senhora no canto oposto à porta não estava consciente, mas havia muitos tubos e fios ligados a ela e, ao seu lado, um respirador. Ela não tinha dentes. Minha mãe tinha dentes e nunca havia deixado um dentista chegar perto dela.

A outra mulher era de aparência magra e frágil, seus olhos azuis claros estavam voltados para o lado numa expressão de dor e desespero. "Devo estar no quarto errado", pensei e virei-me para sair. Mas ao olhar novamente, só para me certificar de que não era ela, vi que aqueles eram os olhos azuis de minha mãe. Mal reconheci seu corpo minúsculo.

— Mãe — disse baixinho. — Mãe, sou eu, Stormie.

Aproximei-me com cuidado. Ainda tinha medo dela.

— Mãe — disse um pouco mais alto e toquei em seu braço. — Mãe, sou eu, Stormie.

Não houve resposta.

Posicionei-me de tal forma que ela pudesse me ver, mas os olhos voltados diretamente para mim não podiam enxergar mais nada.

— Mãe! — comecei a chorar. — Mãe, você partiu, não é? Cheguei tarde demais.

Senti seu corpo. Ela ainda estava quente. Provavelmente havia morrido poucos segundos antes de eu chegar.

Segurei sua mão e comecei a chorar. Deitei minha cabeça em seu peito e deixei as lágrimas virem, molhando o cobertor. Não chorei por sentir falta de minha mãe ou de nosso relacionamento. Nunca houve um relacionamento. Chorei por tudo aquilo que não havia se concretizado. Por tudo que nunca havia existido entre nós. Por toda a plenitude e alegria que ela nunca havia experimentado. Chorei pela dor de uma garotinha que fez birra para sua mãe grávida e nunca mais a viu de novo, pois a mãe foi para o hospital e morreu naquela mesma noite. Chorei pela adolescente que se sentiu responsável pelas mortes em sua família. Chorei por uma mulher que viveu dominada pelo medo e rancor, pela amargura e raiva de Deus e que nunca experimentou seu amor, sua cura e libertação. Chorei pela mulher que não podia aceitar o perdão de sua filha porque não era capaz de perdoar a si mesma. Chorei pela pessoa que nunca se tornou quem Deus a havia criado para ser. Lamentei tudo isso e imaginei que Deus se sente assim a *nosso* respeito quando resistimos, lutamos e nos colocamos em situações terrivelmente dolorosas quando tudo que precisávamos fazer era nos voltarmos para ele e entregar nossa vida.

Olhei para seu rosto novamente e passei a mão em seu cabelo. Chorei por todos os anos de minha vida em que ela não havia me deixado fazer um carinho.

O mais estranho é que não fiquei decepcionada por não ter conseguido ver mamãe viva. Quando estávamos quase chegando ao hospital, senti paz, sabendo que tudo aconteceria segundo a vontade de Deus. Senti a presença de Deus ao longo de todo o caminho, e se ele quisesse ter permitido que a visse ainda com vida, poderia facilmente ter me feito chegar sessenta segundos antes. Deus *havia* respondido à minha oração concedendo-me paz, e cheguei exatamente na hora que *ele* havia determinado.

Como ainda estava sozinha no quarto, fiz algo que poderia parecer desrespeitoso ou estranho. Levantei o cobertor para ver o corpo de minha mãe. Suas pernas eram lindas, magras, muito brancas, mas com formas bem definidas. Seu abdome estava distendido. Levantei a camisola e coloquei a mão na região do fígado e senti um inchaço muito grande e duro. Então toquei seu seio esquerdo, onde encontrei um cisto do tamanho de uma laranja pequena. Era exatamente o que havia suspeitado depois de ouvir Suzy descrevê-la em nossa conversa ao telefone: câncer em estágio terminal. Imaginei o quanto minha mãe havia sofrido ao longo de todos aqueles anos sem deixar que ninguém a ajudasse. Quanta dor excruciante ela deve ter suportado antes daquela morte terrível. Passei mal ao imaginar a agonia que ela deve ter sentido.

Arrumei sua camisola, coloquei o cobertor de volta no lugar e segurei sua mão outra vez. Os dedos estavam ficando frios. Fitei seu rosto emaciado que fazia os olhos parecerem muito grandes. Sempre havia pensado nela como uma mulher grande e feia. Agora, ela parecia pequena, frágil e bela.

Quando seu corpo começou a esfriar e enrijecer, finalmente me dei conta da irreversibilidade de seu estado. De repente, lembrei-me da pequena igreja que havíamos freqüentado quando tinha 14 anos. Lembrei-me de como mamãe falava de Deus e Jesus como se fossem reais para ela e do quanto ela se mostrou dedicada durante aqueles meses antes do ataque de raiva quando jogou fora a Bíblia da família. Ela nunca voltou a falar de Deus, exceto para dizer que ele sabia que havia pessoas tentando matá-la, mas não podia fazer nada para ajudar. Naquele momento, senti paz sobre minha mãe, como se Deus estivesse dizendo: "Não se preocupe. Sua mãe está comigo. Ela não está mais sofrendo. Ela não é mais louca. Ela está aqui".

Aqueles momentos foram estranhamente tranqüilos, diferentes de tudo o que poderia esperar. A morte não era tão horrível. Claro que era fácil dizer isso, pois não era eu que tinha morrido. Parecia natural, como uma parte normal da vida.

Por fim, duas enfermeiras entraram no quarto e, quando perceberam que minha mãe havia falecido, pediram que eu saísse. Quando abri a porta, Michael estava chegando.

— Ela morreu, Michael — disse baixinho.

— Chegamos tarde demais?

— Tarde demais para eu vê-la com vida, mas não tarde demais para os planos de Deus.

Quando as enfermeiras deixaram que Michael e eu entrássemos no quarto, vi que haviam fechado os olhos dela, ajeitado seus braços e arrumado o cobertor sobre seu corpo. Enquanto a olhávamos em silêncio, o médico entrou. Era um homem afável, de uns 60 e poucos anos.

— Sinto muito sobre sua mãe — ele disse — mas não havia mais nada que pudéssemos fazer. Ela estava com câncer no seio e no fígado e provavelmente tinha um tumor no cérebro. Seu fígado estava cinco vezes maior do que o normal.

Ele expressou seu espanto pelo modo como o câncer havia se espalhado antes que ela permitisse atendimento médico.

— Doutor, agradeço por tudo o que fez por meu pai nos últimos cinco anos e por ter aliviado as dores de minha mãe nessas últimas horas de vida — eu disse.

— O câncer estava tão avançado que, ainda que seu pai a tivesse trazido para cá um ano atrás, creio que não teríamos conseguido salvá-la — o médico explicou.

Ele sabia do estado mental de minha mãe, pois meu pai o procurava com freqüência para se aconselhar, apesar de ninguém saber que ela também estava fisicamente enferma.

— As despesas teriam sido altíssimas para seu pai e não teria feito nenhuma diferença. Esse câncer estava crescendo dentro dela havia vários anos. Foi melhor assim.

— E agora? — perguntei, sem saber o que fazer em seguida.

— Precisamos telefonar para seu pai imediatamente — disse Michael, que saiu para procurar um telefone.

Meu pai não estava preparado para a morte de mamãe. Ele não fazia idéia de que ela estava tão doente, e seu choque foi tão grande que ele teve de ficar de cama. Michael e eu cuidamos do funeral.

Escolhi o esquife mais bonito que encontrei e encomendei muitas flores, pois sabia que ela teria gostado. No cemitério, escolhi um lugar debaixo de uma árvore frondosa, pois ela sempre gostou de árvores. Também comprei roupas íntimas muito delicadas. Enquanto pagava a moça do caixa, as lágrimas que eu vinha reprimindo começaram a correr pelo rosto e não pude mais conter o choro. Lembrei-me de todas as ocasiões em que havia desejado comprar coisas para minha mãe, como estava fazendo naquele momento, mas ela havia se recusado a receber meus presentes. Agora, estava comprando as coisas para seu funeral. A moça do caixa me deu o troco e as roupas que eu havia comprado e me olhou com grande preocupação.

Felizmente, ela não soube o que dizer.

Minha irmã sofreu muito com a morte de mamãe. Tive dificuldade em entender o motivo, pois nunca havia percebido que elas tinham um relacionamento. Cometi o erro de supor que Suzy era como eu, que queria as mesmas coisas e havia passado pelas mesmas experiências. Mas, na verdade, nós duas éramos completamente diferentes. Suzy respondia para minha mãe; eu me encolhia num canto. Ela ficava com raiva e demonstrava isso; eu me magoava e reprimia minha raiva. Ela havia se relacionado com mamãe; eu não. Ela estava profundamente triste; eu estava aliviada. Só então percebi que, mesmo na infância, havíamos sido criadas em dois mundos completamente diferentes. Só naquele momento pude entender isso.

Fiquei feliz por não ter guardado mágoa de minha mãe, por não haver mais nenhum rancor, raiva, ressentimento ou assunto pendente. Deus havia purificado tudo. Todas as coisas haviam sido colocadas em ordem antes de ela morrer, e nunca mais teria de lidar com aquilo.

Os parentes e amigos ficaram sabendo logo do falecimento de mamãe. Recebemos vários telefonemas e, para meu espanto, uma mulher mencionou quanto minha mãe gostava de mim.

— Sua mãe sempre teve muito orgulho de você — disse Anita, uma amiga da família que continuou fiel, apesar de mamãe tê-la tratado com rispidez em várias ocasiões.

— Minha mãe sempre teve orgulho de mim? — perguntei admirada, não crendo no que havia acabado de ouvir.

— Ela ficou muito feliz quando você conseguiu o papel principal na peça de teatro da escola. E também se orgulhava de todos os seus programas de televisão. Ela nunca foi até os estúdios porque pensava que havia pessoas tentando matá-la e tinha medo de que tentassem matar você também.

— Não posso acreditar no que você está dizendo, Anita. Por que ela nunca demonstrou nada disso?

— Você conhece sua mãe, Stormie. Ela sempre teve idéias muito estranhas. Acreditava que, se algum dia a elogiasse sobre *qualquer coisa*, você acabaria mimada.

— O quê? Mimada? — perguntei ainda espantada. — Ela pensou que se dissesse algo positivo para mim eu ficaria mimada?

— É uma pena você não ter conhecido sua mãe quando ela era mais jovem. Era uma mulher adorável. A doença mental tomou conta da vida dela e tornou suas qualidades irreconhecíveis.

Sem conseguir conter as lágrimas, eu disse:

— Obrigada, Anita. Você acabou de me dizer coisas muito importantes.

Coloquei o telefone no gancho e chorei. "Mãe, por que você não disse, pelo menos uma vez, que se orgulhava de mim?"

Depois do sepultamento, ainda passamos alguns dias ajudando meu pai. Durante vários meses, íamos visitá-lo todos os fins de semana. A casa estava suja, escura e deprimente, pois mamãe não permitia que ninguém limpasse ou pintasse. O quarto dela parecia o cenário de um filme de terror antigo, com teias de aranha penduradas do teto. A cama estava encostada no armário, com a cabeceira contra as portas. O armário estava abarrotado de roupas sujas e milhares de cheques anulados, recibos, cartas e recortes de revistas que ela havia juntado ao longo da vida.

Papai pediu que eu fizesse uma arrumação; e, depois de tudo o que ele havia suportado, não o culpei por não querer mexer naquelas coisas. A arrumação foi muito mais trabalhosa do que o esperado. Mamãe havia guardado quase todos os vestidos, casacos, sapatos e bolsas que ela, minha irmã e eu havíamos possuído na vida. Era como reviver todo o meu passado. Sabia que ela nunca jogava nada fora, mas nunca imaginei a extensão de sua compulsão por guardar coisas — outro sinal de sua doença mental e medo.

Michael e eu decidimos que era extremamente importante para a saúde de meu pai que a casa passasse por uma boa reforma, uma tarefa grande demais para nós. Assim, contratamos pessoas para pintar as paredes por dentro e por fora e trocar o carpete, as cortinas e os estofamentos. A cada passo do processo, podia ver meu pai se animando. As memórias tristes dissiparam-se e, com a casa reformada, papai também se sentiu renovado.

Durante a limpeza, encontrei o velho diário verde que eu havia escrito quando estava com 14 anos. Lembro-me de tê-lo jogado fora, mas sem dúvida mamãe o havia encontrado no lixo e guardado. Nos dias subseqüentes, li o diário do começo ao fim. Minha vida naquela época era muito pior do que lembrava. Fiquei estarrecida com minha ignorância; não sabia nada sobre o modo certo de viver. Ao terminar a leitura, agradeci a Deus por essa lembrança do quanto ele havia me transformado. Com o tempo e a cura, as memórias não eram mais dolorosas como antes.

Olhei pela janela que dava para o quintal, onde papai estava empurrando a pequena Amanda num balanço que ele havia feito para ela num grande salgueiro. Ela ria às gargalhadas.

"Mais alto, vovô, mais alto!"

Naquelas semanas de faxina e arrumação, papai cuidou de Amanda quase todo o tempo. Ela o acompanhava para alimentar as vacas e colher as laranjas, e ele a ajudava com tudo de que ela precisava. Seu amor mútuo era evidente. Agora que minha mãe não estava mais lá, podíamos visitar papai a qualquer hora, e ele podia ser ele mesmo. À medida que sua personalidade desabrochou, nosso relacionamento também cresceu. Ele sempre foi uma pessoa sociável, mas depois de se casar, tudo o que fazia era envolto no medo de dizer algo errado na frente de minha mãe e desencadear um de seus ataques. Agora, tudo isso se foi.

Ao longo dos anos, papai também havia desenvolvido uma deficiência auditiva. Depois que mamãe faleceu, observei que sua audição havia voltado ao normal. Será que, na tentativa de lidar com a esposa e sobreviver, ele simplesmente havia parado de ouvir? Teria sido sua surdez um ato de sobrevivência? Talvez por isso ele não tivesse suspeitado que ela estivesse morrendo. Ela havia se queixado de tantas coisas durante tantos anos que, de certo modo, ele não prestava mais atenção. Eu costumava ficar impaciente com a surdez de meu pai e com sua fala hesitante. Mas, como todos nós, ele apenas havia encontrado um modo de conviver com a doença de minha mãe. Quanta crueldade de minha parte culpar alguém por sobreviver da única maneira que ele podia!

Meus olhos finalmente se abriram e pude ver como meu pai era um grande homem. Enquanto a maioria dos homens teria abandonado uma mulher cruel como minha mãe, ele continuou cuidando dela até o fim. Certa vez, ele teve um caso grave de herpes-zoster e, de tão doente, não conseguia levantar da cama. Minha mãe preparou um jantar completo, mas não deixou que ele comesse nada. Apesar disso, ele levou todas as refeições para ela nas três semanas que ela ficou de cama antes de morrer e não guardou mágoas dela. Depois que ela morreu, ele nunca fez uma crítica contra ela. Seu exemplo de perdão era maior do que qualquer outro que já vi.

"Você não pode guardar rancor. Precisa perdoar e esquecer", ele costumava dizer. A morte de mamãe não lhe causou nenhum arrependimento. Ele havia feito muito mais do que era sua obrigação e estava com a consciência tranqüila.

Ao continuar olhando pela janela, vi com emoção minha filha sendo carregada nos braços do avô para alimentar as vacas. De repente, era como se eu estivesse no lugar dela, como as coisas poderiam ter sido para mim anos atrás. Meus olhos encheram-se de lágrimas e meu coração transbordou de gratidão a Deus por não ter desistido de mim, mas ter operado uma cura completa.

17

Algo de bom

A ÚLTIMA DAS TRÊS PORTAS de aço fechou-se de forma tão decisiva que estremeci ao entrar num presídio feminino no Oregon. Havia deixado todos os meus pertences do lado de fora e carregava comigo apenas uma folha de papel.

Ao atravessar o corredor longo e frio com a capelã da prisão de um lado e uma guarda do outro, podia ouvir o salto de minhas botas ecoando por toda aquela ala do presídio. Sentia a perspiração se formando nas mãos e no rosto e as pernas tão fracas e trêmulas que não sabia ao certo se conseguiria parar em pé. Minha boca estava tão seca que mal conseguia engolir, e as ondas de náusea subiam até a garganta. Questionei algumas decisões que eu havia tomado e que haviam me levado até aquele lugar.

"O que vai acontecer comigo aqui?", pensei. "E se as presidiárias me odiarem? Senhor, eu estou morrendo de medo. Por favor, me ajude." Enquanto eu orava, lembrei-me das palavras de Deus: "De maneira alguma te deixarei, jamais te abandonarei". Repeti essas palavras várias vezes em minha mente, agradecendo a Deus por ele cumprir todas as suas promessas.

Entramos num salão com um teto baixo e uma porção de cadeiras dobráveis de metal mais ou menos enfileiradas e viradas todas na mesma direção.

— Esta é a sala — disse a capelã.

— Aqui? — perguntei, tentando disfarçar minha decepção ao ver aquele ambiente nada convidativo.

— Sim. Estamos muito felizes porque conseguimos um novo aparelho de som para esta sala. Você vai poder usar os *playbacks* para suas canções. Você quer ir ao banheiro antes de as detentas chegarem? Ainda faltam dez minutos.

— Quero sim — respondi ansiosamente. Havia muito tempo, usava o banheiro como refúgio, um lugar onde eu podia me recompor. Segui a guarda até a porta que ela destrancou com uma de suas muitas chaves antes de se postar do lado de fora à minha espera. Assim que entrei, me tranquei numa das partições, ajoelhei-me junto ao vaso e orei: "Senhor, ajuda-me. Preciso de tua força, de teu poder e de tuas palavras. Sê presente aqui nesta noite".

Quando voltei para o salão, encontrei a senhora que havia providenciado para que pudesse falar naquele presídio. Ela havia levado mais de um ano para conseguir a permissão necessária das autoridades para que eu e várias outras pessoas participássemos de uma programação de três dias falando às presidiárias.

— Tudo bem com você?

— Em nome de Jesus, estou ótima — disse num tom positivo. — Na carne, acho que vou passar mal — confessei.

Ela riu e confidenciou que também estava se sentindo assim.

— Muito bem, as detentas estão a caminho — a capelã informou-nos. — Vocês podem ficar naquelas cadeiras laterais ali na frente.

Sentamos e esperamos cheias de tensão enquanto, uma a uma, as detentas entravam em fila. As primeiras ocuparam as cadeiras no fundo da sala, e as últimas ajeitaram-se com relutância nas cadeiras da frente. Não pareciam muito empolgadas de estarem lá.

"Eu não sabia que também haveria detentos da ala masculina", pensei comigo ao ver várias pessoas de calças *jeans*, jaquetas de couro, coturnos, cabelos curtos cheios de gel penteados para trás, e cigarros pendurados no canto da boca. Pela expressão dura e irada, parecia que alguém havia obrigado a escolher entre ficar naquele salão ou limpar os banheiros a noite toda.

Então, olhei melhor e disse para mim mesma, mal podendo acreditar: "Mas não são homens, são mulheres!".

Eu estava o tempo todo orando, mas, ao ver aquilo, redobrei minhas súplicas. "Deus, eu preciso mesmo falar aqui? Talvez não seja tarde demais para mudar de idéia. Senhor, por favor, não sei se vou conseguir."

"Eu sou o Redentor", ouvi-o dizer em meu coração mais uma vez. "Eu redimo todas as coisas. Eu faço todas as coisas novas. Eu posso remover toda a mágoa, toda dor e todas as marcas e não apenas posso curá-las, mas também posso usá-las para fazer algo de bom."

"Sim, Senhor, eu sei disso. Eu sei que o senhor quer que eu diga isso para elas, mas tenho medo de abrir a boca e não sair nenhuma palavra. Ajuda-me a falar, Deus, e faze com que minhas palavras ganhem vida no coração destas mulheres. E, Senhor, perdoa-me por tentar encontrar um meio de fugir. Sei que o senhor me trouxe até aqui para dar uma mensagem importante para estas pessoas que o senhor ama."

Olhei para a folha de papel em minhas mãos. Eram as anotações que eu havia copiado com todo capricho no avião, mas ao ver aquelas detentas me examinando com olhares de suspeita, com os braços cruzados na frente do peito, tive certeza de que elas não precisavam de minhas anotações. Precisavam de meu coração. Também precisavam de meu amor e de saber que Deus estava esperando de braços abertos para que se voltassem para ele. Coloquei meu papel de lado e decidi que, enquanto falasse, teria de olhar nos olhos daquelas mulheres o tempo todo.

A sala se enchia de fumaça na mesma proporção que se enchia de detentas. Não-fumantes eram, sem dúvida, minoria. Enquanto eu era apresentada, pedi a Deus para não tossir. Agradeci, também, por estar vestindo calças de couro e botas, em vez de vestido de seda, como usava em palestras em igrejas. Precisava de toda credibilidade possível.

Finalmente, chegou minha vez de falar. Levantei-me, olhei cada detenta nos olhos e, usando todo o meu repertório de gírias, comecei a contar minha história. Descrevi como havia sofrido abuso na infância e como havia crescido me sentindo rejeitada e sem amor. Falei de minha busca por aceitação e como isso me levou a fazer escolhas erradas que, por sua vez, me colocaram em situações extremamente difíceis. Mencionei as drogas, os abortos, a tentativa de suicídio e como, por fim, a minha vida se desintegrou. Descrevi o dia em que Deus me encontrou onde eu estava e como aceitei a Cristo. Elas ouviram com atenção enquanto eu descrevia com linguagem vívida o inferno que eu havia conhecido e a paz e inteireza que havia encontrado.

Quando meu tempo chegou ao fim, eu lhes disse: "Logo depois que conheci Jesus, houve um momento em que olhei para minha vida e vi pedaços espalhados por toda a parte. Fiquei muito triste, pois parecia impossível juntar aquilo tudo outra vez, mas Deus falou a meu coração: 'Eu sou o Redentor. Eu restauro *todas* as coisas. Não importa o que você fez, não importa o que aconteceu com você. Eu posso remover a mágoa, a dor, as marcas, e não apenas posso curá-las, mas também posso usá-las para o bem'".

Então, lhes falei de uma canção que eu havia escrito no dia em que Deus me disse isso. Fechei meus olhos, respirei fundo, e cantei para elas da maneira lenta e terna como ouvi aquelas palavras em minha mente pela primeira vez.

Pedaços... pedaços,
Tantos pedaços de minha vida.
Espalhados por toda parte
Alguns nem existem mais,
E sei que sozinha jamais
Poderei juntá-los.

Pedaços... pedaços,
Tantos pedaços de minha vida.
Um quebra-cabeça inacabado,
Confuso e sem forma.
Quem poderá um dia
Juntar todas as suas peças?

Numa visão, como quem sonha acordada
Imagens penetrando minha mente
Vi Jesus se aproximando,
Segurando os meus sonhos.
Falou com grande compaixão,
Tocou-me com uma de suas mãos,
Segurando na outra
Algo que eu não podia ver.

E disse: "Pedaços... pedaços,
Eu tenho todos os pedaços de sua vida,
Milhares de fragmentos
De cada dia.

Posso juntá-los todos
Para que nunca mais se percam.
Posso juntá-los todos,
Como ninguém mais pode fazer.
Como ninguém mais".[1]

Abri os olhos na última nota da canção e vi o que certamente foi um milagre. Quase todas que estavam no salão choravam — até algumas das guardas. As detentas duronas, que eu havia confundido com homens, estavam enxugando as lágrimas. Algumas seguravam lenços e muitas escondiam o rosto com as mãos e choravam baixinho. A dureza daquelas feições havia se dissipado e se transformado numa beleza suave.

Por um momento, senti a combinação de todas as dores naquela sala, e foi insuportável. "Ó Senhor, há tanto sofrimento aqui", chorei junto com elas. "Obrigada, Espírito Santo, porque vieste suprir todas as necessidades e ajudar todas estas mulheres a te conhecerem."

As detentas começaram a aplaudir, timidamente a princípio, mas cada vez mais forte e, por fim, em pé. Sabia que estavam aplaudindo a presença de Deus naquele lugar. Entendessem ou não o que era, ninguém podia negar essa presença. O gelo havia sido quebrado, as barreiras haviam sido rompidas e o amor de Deus havia penetrado suas defesas.

Ao longo dos três dias subseqüentes, quase metade daquelas mulheres aceitou a Jesus e muitas foram curadas de mágoas do passado. A vida de cada uma daquelas mulheres foi tocada naquele fim

[1] *Pieces*. Letra de Stormie Omartian. Música de Michael Omartian. Copyright © 1980 por See This House Music e Word Music (Divisão de WORD, INC.). Todos os direitos reservados. Copyright internacional. Usado com permissão.

de semana, e a vida de muitas, inclusive a minha, nunca mais foi a mesma.

No avião de volta para casa, louvei a Deus por ter me usado como um de seus instrumentos. "Senhor, não posso crer no que o senhor fez. O senhor pegou a minha vida despedaçada e não apenas a restaurou, mas também a está usando para restaurar a de outras pessoas."

Deus cumpriu sua promessa: Agora minha vida tinha sentido e propósitos. Mas não foi da noite para o dia. Na verdade, levou catorze anos. Mas, durante esses anos, a cura e a libertação foram contínuas, um pouco de cada vez. É certo que a transformação não foi imediata, mas ela *aconteceu*. Deus pegou minhas dores e marcas e não apenas as curou, mas também as usou para o bem. *Essa* é a restauração total que Deus concede!

Todo o meu viver
Sem saber o que eu estava buscando
Sem encontrar motivo
Sentindo que algo estava faltando.

Então veio a luz
Que baniu as trevas de meu ser
Tocou-me com seu amor
O Senhor de tudo encheu meu viver
Todo o meu viver.

Ao olhar para trás,
Jesus, sei que o senhor estava
Juntando os pedaços que eu havia espalhado
Guardando-os, quando eu ainda não me importava.

O senhor me deu vida
O meu espírito renovou
Agora, a ti, todo o meu ser eu dou.

Sim, meu Senhor
O senhor era aquilo que eu estava buscando.
O senhor era cada sonho que eu vivia sonhando.
Agora cada dia tem muito mais valor.

O senhor me deu vida
Meu espírito renovou
Agora a ti dedico tudo o que sou.[2]

[2] *All my life.* Letra de Stormie Omartian. Música de Michael Omartian. Copyright © 1980 por See This House Music e Word Music (Divisão de WORD, INC.). Todos os direitos reservados. Copyright internacional. Usado com permissão.